全体指導×個別支援で
実現する！

ユニバーサル
デザインの
学級づくり

こども発達支援研究会理事
前田智行
Tomoyuki Maeda

明治図書

はじめに
理由・背景を知ることで
ユニバーサルデザインを実現しよう

　初めまして。こども発達支援研究会の前田と申します。日頃は，小学校や放課後等デイサービス（障害のある子を育てる福祉施設）で勤務をしながら，教育に関する発信を行っています。

　また私自身，発達障害（自閉症，ADHD）を抱えており，障害の当事者としてもより良く生きていくための方法を考え，日々発信をしています。

　本書では**「通常学級の中で，発達障害などの困難を抱える子を含めた全員を育てる」ユニバーサルデザインの学級づくり**について紹介しています。最近では，インクルーシブ教育の考え方が広まり，通常学級でも障害の有無に関わらず，同じ場所で一緒に育てようという流れがありますが，一昔前は異なりました。

　例えば，発達障害という概念が生まれる以前は，学校はそもそもインクルーシブな環境でした。落ち着きがない子も，話すのが苦手な子も，勉強が苦手な子も，個性的な子として教室に存在していました。今でも「昔はこんな子いっぱいいたよ！」と，発達障害や特別支援教育の考え方を否定的に見るベテランの先生は大勢います。

　しかし，「こんな子」の行く末を知っている現場の先生はいません。どんな学校に進学し，どのように就職し，どう人生を過ごしているのかに興味のある先生もほとんどいません。学校で適切な教育を受けられなかった結果を知るのは，当事者だけです。そして，当事者の声はほとんど世の中に発信されず，「自己責任」という名の下，見捨てられているのが実態です。このように，困難を抱えた子の人生は，「昔はいっぱいいた」と一言で済ませられるほど軽くも，簡単でもないのです。

本書では，特別支援教育の視点を通常学級に取り入れて，どう学級づくりをしていくのかを紹介しています。

　「困った子」で終わらせるのではなく，「なぜ困っているのか？」「なぜこんな言動をするのか？」という行動の理由・背景と具体的な対応をセットで紹介することで，よりわかりやすく読者の皆様にお伝えしたいと思います。

　例えば，学校教育では「寄り添いましょう」「受容しましょう」という言葉がよく使われます。とても大切な行動だと思いますが，特別支援が必要な子の場合は，「寄り添って，受容した結果，行動が悪化した子どもたち」もたくさんいます。これは先生が悪いのではありません。そもそも，子どもの言動の理由や背景を知らずに，適切な行動を獲得することは難しいのです。

　そこで，もし，「困った子」が皆さんの教室にいる時は，なぜその言動をするのか？　その理由・背景を知って欲しいと思います。

・背景を知れば「こんなに大変だったんだね」と共感できます
・日頃の行動の意味もわかります
・何をするのか予想がつくので，対策も打てます
・先生の心の負担も軽くなります
・そして真に理解し，子どもと関係性を築けて指導が入るようになります

　「知る」ことこそ，当事者を理解し，インクルーシブな環境が生まれる最初の一歩です。私は，発達障害の当事者として，現場の先生方に「知る」ということを，ぜひお願いしたいです。そのための方法を本書で紹介しました。ぜひお読みいただければと思います。

2021年1月

前田智行

CONTENTS

学習指導場面

参考文献・資料一覧

おわりに

第1章

ユニバーサル
デザインの
学級づくりとは

0 ユニバーサルデザインの学級づくりとは何か？

1. 教師の「どうすればいいの？」をなくすために

　「ユニバーサルデザインの学級づくり」と聞くと何やら難しそうな印象を受けます。例えば，授業 UD（ユニバーサルデザイン）学会では，**「特別な支援が必要な子を含めて，通常学級の全員の子が，楽しく学び合い『わかる・できる』ことを目指す授業デザイン」**と紹介されています。

　ぜひとも実現したい理念である反面，実際に何十人もの子どもを前にすると，「どうすればいいの…」と，途方に暮れてしまいます。

　例えば，授業中に先生が質問すると，すぐに答えてしまう子がいます。「発言する時は手を挙げてね」と何度注意しても変わりません。あるいは，教室移動の時にいつも準備が遅い子がいます。他の子を待たせているので「急いで！」と声をかけますが，なかなか動いてくれません。

　そんな時に，発達障害に関わる本を読んでみると，「ADHD（注意欠如多動症）」という症状が紹介されています。どうも，衝動性が強かったり，注意力が弱かったりするので行動を切り替えることが苦手，という脳の特性があるようです。

　しかし，「脳の特性があるから，しょうがない…」と言われても，一斉授業ではルールを守ってもらわないと困ります。そのうち他の子も「あいつのせい！」と責め始めることも予想できます。

　結局，症状がわかっても「一体どうすればいいの？」という現状はなかなか変えられません。

２．個と集団の違いを考える

　最近は，発達障害や特別支援教育が色々なメディアで紹介されているので，保護者の中にも詳しい人が出てきました。あるいは，SC（スクールカウンセラー），SSW（スクールソーシャルワーカー）等の専門家も学校現場に入ってくれるようになり，「この子は，こんな特性があるようですね〜」と教えてくれます。

　しかし，ここで課題となるのが，個と集団の違いをあまり理解されないことです。「もっと子どもをよく見て！」と言われても，先生は学級全体を優先しなくてはいけません。何十人も見ながら，「この子にはこんな指導をして」と言われても手が回りません。**この，「全体を見て育てながら，同時に個別対応を求められる状況」が，学校の担任の先生に大きな負担・プレッシャーを与えてしまっている**ことが現状の課題と言えるでしょう

　上記のような状態を解決し，子どもたち全員を育てる「ユニバーサルデザインの学級づくり」を行うために，第１章では以下の４つの視点を紹介します。

１　アセスメント
２　教室環境の構造化
３　人的環境の構造化
４　個別支援と全体指導

---

1 アセスメント 〜4つの視点から考える〜

1. 最初に取り組むこと

　ユニバーサルデザインの学級づくりを考える際に，初めに取り組むことは「アセスメント（＝子どもの実態の分析）」です。2007年に学校教育法が改正され，特別支援教育という考え方が導入されました。

　それはつまり，今まで「学校の制度・カリキュラムに合わせて子どもを育てる」とされていた実態から，**「学校が子どもに合わせて育てていこう」**という考え方への転換です。そして，そのために，子ども一人ひとりの「個の教育ニーズ」を把握することが大事であると紹介されました。つまり，「個の教育ニーズ」を把握する力を全ての先生が身につけることを求められるようになったのです。

　しかし，元々学校は学習指導要領という法的拘束力のあるカリキュラムが存在しているため，子どものニーズよりも「どうカリキュラム通りに育てるか？」が重要視されてきた歴史があります。つまり，子どものニーズを把握する方法（アセスメントスキル）をそもそも学んでいないのです。

　よって，本書では子どものアセスメントに必要な情報を最初に紹介します。あくまで基本的な部分ですが，アセスメントを学ぶ際のきっかけになると思いますので，ご活用ください。

　紹介する視点は，以下の4つです。

（1）行動面の困難

（2）社会性の困難

（3）学力形成の困難

（4）運動面の困難

　この４つは，「発達障害」の代表的な４つの症状（ADHD：注意欠如多動症，ASD：自閉症スペクトラム，LD：学習障害，DCD：発達性協調運動障害）を想定しています。

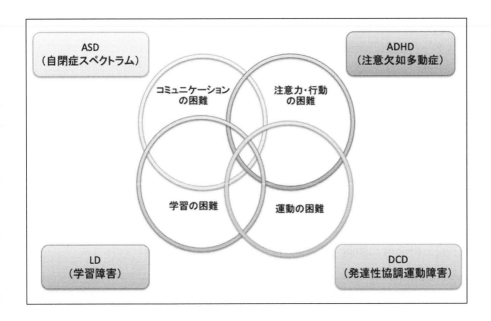

　特別支援教育をはじめとして近年「発達障害」というワードが非常にクローズアップされています。それは，発達障害という概念が，**「現在の学校・社会とミスマッチングを起こしやすい個性」**だからです

　発達障害は，生まれつき持っている脳の個性であり，それ自体は何も問題ではありません。しかし，勉強をする場所である学校でLD（学習障害）を抱えると，失敗体験を積みやすくなるのは当たり前ですし，社会性に苦手の

ある自閉症の子が１クラス30人の環境に入れば，適応できない場面は当然増えるでしょう。

　発達障害が，障害とも個性とも呼ばれるのは，この学校・社会とのミスマッチングが起きやすいためと言えます。

　よって，上の発達障害の４つの視点を意識して子どもをアセスメントすることで，子どもの困り感を把握しやすくなり，つまずきの予想や事前の対策を考えやすくなります。

（1）行動面の困難・・・ADHD（注意欠如多動症）

　行動面の困難とは，例えば，「授業中に立ち歩く」「先生が指示しても話し合いをやめられない」「勝手に発言する」といった状態です。これらは，本人の意思ではなく，ADHD（注意欠如多動症）をはじめとした脳機能の個性のために起こるケースが多いと言われます。

　よって，ADHD（注意欠如多動症）の知識をもっておくことで，行動面に困難のある子の背景を理解し，サポートを入れやすくなります。

（2）社会性の困難・・・ASD（自閉症スペクトラム）

　社会性の困難とは，例えば，「隣の席の子とペアトークができない」「意見を交流する時に，１人で強硬に主張してしまう」「先生の質問とは全く別のことを答える」「グループワークに参加できない」などの状態を指します。

　社会性とは様々な背景があるので一概に言えませんが，この他者と交流する力に困難を抱えているのがASD（自閉症スペクトラム）と呼ばれる症状です。

　ADHDと同様に，社会性に困難のある子の背景を知ることで，全員が参加しやすい活動や個別の支援をどう行えば良いかの見通しがつくようになり

ます。

　特に，ASD（自閉症スペクトラム）の研究によって，人はどのように交流し，他者と関わり仲を深めていくのかというコミュニケーション研究が進みました。このASDの知見を学級づくりに取り入れることで，単にASDの子への支援だけでなく，全員が交流しやすい学級にアップデートすることができます。

（3）学力形成の困難・・・LD（学習障害）

　学力形成の困難とは，例えば「音読ができない」「計算が極端に遅い」「作文に取り組めない」などの状態を指します。このような学習の遅れの背景には，LD（学習障害）と呼ばれる症状が原因として存在する可能性があります。

　ちなみに，学力は子どもの様々な要因に影響されます。例えば，不登校の子は，授業に参加しないため学力は低下する傾向があります。また病気を抱えて学校に来られない子も同様です。そのような外部要因がないにもかかわらず，学力形成が遅れてしまう子はLD（学習障害）の症状があることが主な要因であることが多いです。

　本書は「学級づくり」がテーマですが，LDの知識は授業だけでなく，学級づくりに大きな効果があります。なぜならば，学校は基本的に勉強をする場所であり，1日の大部分は授業の時間で占められていますが，LDのある子にとって授業は，周囲についていけない精神的に厳しい時間だからです。

　実際にLDの子は二次障害を抱えるリスクも高く，授業中に離席し，教室を飛び出すケースも多く存在します。つまり，LDの子でも参加しやすいように配慮して授業をすることは，そのまま子どもの行動の荒れを防ぎ，ユニバーサルデザインの学級づくりにとっても重要になります。

　もちろん，授業自体を面白くする工夫は，全ての先生が行っていますが，その上でLDの知識を加えると，授業そのものをアップデートすることが可

能となります。

　実際に，LD は人口の約４％に該当すると言われており，30人のクラスにも１～２人という高い確率で存在します。つまり，LD のある子を前提とした授業づくりは，全てのクラスの学級づくりにも役立つとも言えるでしょう。

（４）運動面の困難・・・DCD（発達性協調運動障害）

　学校における運動面の困難とは，例えば，「授業中に正しい姿勢が取れない」「鉛筆を正しく持てない」「筆圧が弱い」「黒板をよく見ることができない」などの，学習に使用する運動能力と，体育の授業で「キャッチボールができない」「なわとびが跳べない」「跳び箱が跳べない」というスポーツで活用される運動能力の２種類が思い浮かぶと思います。

　これらの運動は大きく２パターンに分かれます。１つは，授業中に姿勢を保てない，跳び箱や鉄棒が苦手など体を大きく力を動かす**「粗大運動」**が苦手なパターンです。もう１つは，鉛筆を使って文字を書いたり，ハサミを使って工作をしたりして指先を使う**「微細運動」**が苦手なパターンです。

　運動の困難は，６～８％ほどの子が抱えており，周囲とのコミュニケーションや自己肯定感の低下など様々な影響があると言われています。

　本書では主に，この２つの運動が苦手な子も参加できる学級づくりについて紹介していきます。

2 教室環境の構造化

1. 最初に取り組むこと

　子どものアセスメント後は，実際の学級づくりを考えていきます。ステップとしては色々ありますが，最初に取り組むことは**教室環境の構造化**と言われます。

　これは，椅子や机，給食・掃除用具などの設備，あるいは，ルールや学級目標などの「教室（学校）では何をするか？」という前提条件を整えることを言います。

　構造化の考え方は，「黒板の前面掲示を減らしてスッキリさせる」「窓を閉めて静かな環境をつくる」など，感覚に困難のある子への配慮としてもよく知られています。

　実際に，視覚過敏，聴覚過敏などの言葉は近年，多くの人に知られるようになりました。しかし，実際に学校現場に入ると，まだまだ壁面に大量の掲示物やチラシがある教室，窓やドアを全開にして騒がしい音に溢れている教室などがたくさん存在します。そして，先生は「うちのクラスには感覚過敏の子はいない」と答えます。

　確かに，見た目ですぐにわかる子は少ないですが，ほとんどのクラスには軽度の感覚過敏を持っている子が存在します。このような感覚過敏をはじめとする発達障害の症状が難しいところは，**「脳機能の個性なので見た目でわからない」**という特徴です。

　そもそも見えないものを理解するのは，日々子どもたちと接している先生でも簡単ではありません。だからこそ，最初から「いる」と想定した教室環

境をつくることが大切になります。

目に見えないので、困り感に気づきにくい…

2．先生の年齢や経験に関係がなく取り組める

　教室環境の構造化は，学校として最初に考えることが大切です。公教育では「全国どこでも一定レベルの教育が受けられる」という状態が理想ですが，普通の公立学校では，初任者，中堅，ベテランと様々な年齢・経験の先生がいます。そして，先生の違いによって子どもの成長に大きな差が生まれてしまうのも事実です。

　「教室環境の構造化」は，難しい技術が必要なく，誰でも取り組めるので，先生方の教育レベルを一定水準まで高めることができます。そのように，学校経営を考える上でも大切と言えます。

　もちろん，学校内でレベルの高い先生は，自分なりに教室環境を整えたい方もいるでしょう。学校現場においてユニバーサルデザインの考え方に抵抗が大きいのは，「自分のやり方でできない」「教育方法の押し付け」という印象を持たれているからだと思います。

しかし，例えば給食や掃除のシステムを学校で統一すれば，毎年クラス替えの度に指導をする手間が省けます。また，ルールも１年生で覚えてしまえば，６年生まで長く使えるので，生徒指導も楽になります。

　このように，働き方の面でメリットは多いので，校内でコンセンサスをとって進めることをお勧めします。

（以下，例）

　・教室の壁面掲示の仕方（前面はクラス目標のみ，その他は側面等）

　・掃除のシステム（机の運び方，ホウキ・雑巾の使い方等）

　・給食のシステム（担当の回し方，おかわりのルール等）

　・休み時間のルール（チャイムの５分前になったら教室に戻る等）

　・校庭で遊ぶ時のルール（遊具の上で鬼ごっこはしない等）

　・校内を移動する時のルール（右側通行等）

　・座席の位置（座席隊形，下にテープを貼る，グー・ピタ・ピン，等）

　・話し方のルール（話し方『あいうえお』等）

　・教室を移動する時のルール（『授業中の移動は忍者！』等）

　前提として，このような教室環境の構造化は，一部の先生で決めると，新しく赴任した先生や，意図を理解できない先生が生まれて，結局守られないまま消滅していきます。

　よって，４月の最初，あるいは時間のある夏休みなどに，職員全員でルールを確認し，意味と意識を情報共有して納得して進めることが大切です。

　「職員全員が関わっている場所で決める」という時間をつくるから，実際に機能します。

　また，校内の実力のある先生の意見が共有されることで，若手の先生のレベルアップにもつながります。

3 人的環境の構造化

1. 最も影響があるのは人間関係

「学校は社会性を育てるところ」という意見を聞きますが，社会性とは一体なんでしょうか？

- ・相手が言われたら嫌なことを察して言わない力？
- ・周りの子の意見を聞いて，総合的に判断する力？
- ・場所に合わせて適切に振る舞う力？

考えれば考えるほど，社会性とは何かわからなくなります。しかし，明確なことは **「社会性は人との関わりの中でしか高めることができない」** ということです。

例えば，漫画の中で美しい友情シーンを見ても，それで社会性が高まったとは誰も思わないでしょう。社会性とは人間関係の中で，育て，身につけていくスキルなのです。ただし同時に，人間関係の中にただいるだけでは社会性を高めることはできません。

- ・口の悪い子が周りにいて，対人関係を避けるようになる
- ・性格の合わない子が横に来て，何を話して良いかわからない
- ・性格が合いすぎる子が隣に来て，その子としか話さない

色々なケースがあり，またどのようなステップで社会性が育つのかも曖昧なため，社会性の育成については，ほとんど担任の先生の感覚に任せている

のが実情だと思います。

2. 人的環境の構造化＝いじめ対策

　ここで構造化の考え方に戻りますが，子どもたちの社会性を高め，全員が
参加できる学級づくりのためには，「社会性を育てる場」を考えると同時に，
「社会性の育成を阻害する環境を避ける」という**マイナス要因を減らす発想**
も大切になります。

　まずは安定した対人関係があることで，学級内に安心感を生みます。安心
感があれば，子ども同士の交流が増えて，それだけ社会性を高める土台がで
きます。

　より具体的なことを言えば，いじめの発生を防ぐ（予防する）環境づくり
を進めることが，ユニバーサルデザインの学級づくりには大切と言えます。

安定した対人関係が学級内に安心感を生む

3. いじめが発生しやすい要因を前提に考える

　具体的には，いじめが発生しやすい要因を前提に対策を考えます。

> ・**トラブルが起きやすい子が複数人いる**
> →相性の悪い子が隣同士にならないように，席替えを配慮する

- **休み時間に先生の目がない環境で，いじめが発生しやすい**
→休み時間には子どもと遊ぶ，あるいは校庭や各階の廊下を巡回する

- **ストレスが高い子はいじめの加害者になりやすい**
→クラス全体でルールを統一してストレスの発生要因を減らす
→係活動，お楽しみ会等，子ども主体で楽しめる時間を用意する

- **いじめ行動は時間に空きができた時に起こりやすい**
→空き時間を生まないように予定を立てる
→空き時間ができてしまった時のために，読書，即席の課題等を用意しておく

これ以外にも，地域や子どもの実態によって傾向が異なると思いますので，学校・先生で検討することが必要でしょう。

安心感が大切なことはどの先生も理解していることと思いますが，具体的にどうすれば安心を与えることができるのか？という方法をイメージすることは難しいと思います。

それよりも，**安心感を減らす要因（＝いじめに繋がりそうな要因）を見つけて対策する**方が，より現実的な手立てを考えることができるでしょう。

4 個別支援と全体指導

1. 個別支援は目立たせないことが大切

　個別支援の重要性は，従来から現場の先生も意識していました。しかし，障害者差別解消法により定められた「合理的配慮」の考え方が出てきたことにより，

　・ノートは書かないで，事前に板書の写真を渡しておく
　・ノートではなく，iPad に記録する
　・1人だけ難易度の異なる宿題を出す

といった，個別の配慮も必ず行うことが前提となりました。

　本来は担任の先生が子どもの特性を理解して一人ひとりに合った手立てを打つことが理想です。まだそのレベルは難しいですが，従来は支援がなく見過ごされていた子に「個別支援」を届けることが義務になったことは素晴らしいことと言えます。

　しかし，集団の中で，1人にだけ異なる対応をするのですから，周囲からの反応もありますし，本人も周りの目を気にすることがあります。
　だからこそ，**「個別支援は集団の中で目立たないように行うことが大切」**になります。

支援のポイントは以下の2つです。

（1）常駐しない
（2）子どもの関係性（ピア・サポート，ピア・プレッシャー）の活用

（1）常駐しない

　個別支援が必要な子に，常に横にいる先生がいらっしゃいます。もしかしたら，熱心な先生なのかもしれませんし，子どもも嬉しいのかもしれません。しかし，基本的に教師はその学級を任されており，子どもたち全員を見る責任があります。その中で，1人の子どもに注力しすぎてしまうのは他の子の不満を生む可能性もあります。

　よって，教師側の意識としては，机間巡視をしつつ，その中で声をかけて，すぐ離れて距離をとって様子をみる，という**1人の子に常駐しないこと**が大切になります。特に「自分を見て！」という欲求が強い子は，特別に構われている他の子を見ると「あの子だけずるい！」となりますので「先生はみんなを気にしている」という様子を見せつつ，個別に回ることが重要です。

（2）子どもの関係性（ピア・サポート，ピア・プレッシャー）の活用

　「個別支援」と聞くと「教師が何をするのか？」という発想になりやすいですが，本来，人は困っていれば，周りと支え合いながら生きていくのが基本です。

　よって，教師が支援すると同時に，子ども同士の交流を進めて，友達にお願いできるようにする，あるいは他の子から「大丈夫？」と困っている子に声をかけて，気軽に助けてあげる，このようなピア・サポートが気軽に行える人的環境が大切になります。

もっと言えば，このピア・サポートが機能している学級では，基本的に先生からの特別な支援・配慮が減ります。子ども同士で温かい関係を築いていくことが，困りごとの有無にかかわらず，どんな子も過ごしやすい学級にするために大切な条件となります。

　同時にピア・プレッシャーを意識的に活用していくことが重要です。ピア・プレッシャーとは，簡単に言えば「周りの子がしているから，やらなきゃ！」という周囲からのプレッシャーです。日本では「同調圧力」というイメージが強いため，どちらかと言えば悪い印象があります。もちろん，同調圧力を感じて，自分のやりたいことを我慢したり，可能性を潰してしまったりしては，意味がありません。

　しかし，例えば多くの子は毎日元気に学校に来て，先生の指示通り授業を受けてくれます。これは「周りの子もしているから，それが当たり前の環境だから」というピア・プレッシャーがあるからです。

　また，

　・嘘をつかない
　・友達を叩かない
　・人の話は最後まで聞く
　・苦手なこともまずはやってみる

などの，生きる上で大切と言われる行動も，このピア・プレッシャーによって獲得している面は大きいです。最近は非認知スキル，ソフトスキルと呼ばれる力が，「学力より大切」と言われます。これらは簡単に言えば対人関係を円滑にする力です。

　そして当然，対人関係の中で育まれる力ですので，ピア・サポート，ピア・プレッシャー両方を使って教えることが必要となります。

また，学習面でもこの２つの使い分けは大切です。私は一斉授業も個別の学習支援も両方行った経験がありますが，一斉授業と比較して，個別学習で子どもに勉強を教えると気付くことがあります。それは，

・好きな勉強は，一斉授業より個別指導の方が伸びやすい
・嫌いな勉強は，個別指導よりも一斉授業の方が伸びやすい

という傾向です。例えば，算数が好きで得意な子であれば，一斉授業で周りと合わせながら勉強するよりも，タブレット学習や動画教材で個別に学んだ方が，先の単元にどんどん進めるので，能力が伸びやすいです。

　一方，算数が好きだけど，国語は嫌いな子であれば，「算数はやる！国語はやらない！」と，個別学習では活動の拒否をしたり，サボったりなどの行動が容易になります。そんな中，国語が苦手な子も一斉授業であれば，先生が「今は，自分の意見をノートに書いてみましょう」と指示すれば，周囲の子が書き始めるので「私も書かなきゃ！」とピア・プレッシャーが働いて意欲（圧力？）をもとに動きやすくなります。また，「Ａさんみたいに書いてみよう！」「Ｂくんには負けたくないな！」と，適度に周囲からのプレッシャーを感じた方が，苦手な分野でも取り組んで成長することができます。

　当たり前ですが，世の中で生きるためには様々な能力が必要です。その前提の上で，好きなことだけを中心に学習を組むと，生きるために必要なスキルを身につけられないままになってしまいます。

　算数が好きな子が算数ばかりしていても，国語の勉強をしなければ，生きる上で将来困りごとが大きくなるのは想像に難くないと思います。また，好きな体育ばかりして基礎学力がない状態では，将来運動ができなくなった時に生きることが大変になります。

一斉授業，個別指導どちらが良い，というものではありません。「好きなことを活かす」が大事なのは当たり前ですが，子どもが自立して生きるために必要な力を身につけるために，ピア・サポート，ピア・プレッシャーという手段を使って育てる，ということが重要なのです。

　もちろん，障害や困難を抱える子であれば，ピア・プレッシャーがあってもできません。その時は個別支援・合理的配慮が必要となります。

　このように，目的と手段を分けて，子ども一人ひとりに合った方法で育てていくことが必要なのです。

2. 個別支援＝みんな困っていること？

　個別支援は，子どもと一対一で行うので，基本的に集団指導と別の枠で考えられることが多いです。しかし，上述したように本来，個別支援と集団指導は教え方の違いであり，「その子を育てるための方法」という意味においては本質的に同じものです。

　例えば，個別支援をする時には，**「その子には支援が必要だけど，他の子はどうだろう？」**というように，全体とつなげて考えることも大切です。

・時間を守ることが苦手
・注意散漫で整理整頓が苦手
・音読をスラスラできない
・姿勢が崩れてしまう
・鉛筆の持ち方が崩れている

　このような行動は，多かれ少なかれどの子も苦手としている部分です。よって，その子だけ支援するのではなく，学級全体で再度確認・指導する，と

考えて行っても良いでしょう。

　また全体に指導を行う場合は，「個人アプローチ」「環境アプローチ」どちらが必要なのかを考えることが大切です。

（1）個人アプローチ

　個人アプローチとは，シンプルに**「教えてできるようにする」**というものです。例えば，体育の着替えができない子がいれば，将来のために着替えや服のたたみ方を教える必要があります。

　それ以外にも，

・相手の立場を考える，話を聞く，目を見て話すなどの対人関係スキル

・片付ける力，時間を守る力などの生活スキル

・国語や算数などの教科学習の力

　上記のような，自立した生活を送るための力をつけることが「個人アプローチ」です。

（2）環境アプローチ

　子ども同士のトラブルや，学習に参加できないという困りごとを見ていくと，子どものスキル不足から起きていることは多いです。その場合は個人アプローチで良いのですが，中には，身につけて当たり前とされるスキルを身につけることが困難な子もいます。

　例えば，ADHDという症状には「プランニング（計画性）の力が弱い」という症状があります。これは，片付けの苦手さや，準備が遅いといった，行動に反映されます。

これは特性なので，ADHDの子は，他の子と比べて習得が遅いか，あるいは大人になっても身につけることはできません。よって，子どもに教えてスキルを身につけさせる，というよりもそれ以外の方法，例えば，授業に必要な教科書を家に忘れることが多いのであれば，「保護者のサポートを入れる」「教室に全て教科書を置かせてもらう」（置き勉を認める）など，環境を変えることで困りごとを解決することができます。

　このように，対人サポートや制度などの外部環境を変えるアプローチが環境アプローチです。

　話を聞けば，「簡単だな」と思うかもしれませんが，個人・環境どちらにアプローチするのかの判断は「目に見えない」ため非常に難しいです。

　例えば，車椅子の人が困っていたら，車椅子を押してあげれば良いですし，目が悪い子であれば，座席を前にしたりメガネをかけたりするよう親御さんにお願いすれば良いです。しかし，発達障害の特性は脳機能の特性なので，外から見てわかるものではありません。よって，子どもの行動から特性を推測して支援する必要があります。

　この行動から子どもの特性を推測して，アプローチを変えるところに特別支援教育の視点などが必要になります。

　第2章では，子どものケース事例をもとに，不適切な行動の背景や特性に応じた対策を全体指導・個別支援の両面から紹介していきます。

第2章

ユニバーサルデザインの学級づくり

実践編

Case 1 忘れ物が多い忘田くん

不注意特性のある子がいるクラス

つまずきの状況

忘田くんは，明るい性格ですが忘れ物が多い，準備や片付けが遅いなどの様子があります。毎日，先生から注意をされたり，移動教室では1人だけ準備が遅れて急かされたりする様子が見られます。

わかってはいても，つい周りと話したり，ボーッとしたりして忘れてしまうので，最近は気分が落ちてきているようです…

一体どうすればいいでしょうか？

事務的な作業が苦手な不注意特性

1．ADHD の不注意特性

「準備が遅い」「指示したことができない」「関係ないことをしている」などの行動が見られると，先生はついイライラしてしまいます。集団行動が基本の学校では，ルール通り動けない子に対してつい厳しく当たってしまいます。

発達段階にある小学生には，多かれ少なかれ，どの子にもうっかりした様子は見られるものです。しかし中には，「度を超えており，うっかりレベルではありえない！」という子もいます。このような子は，近年では ADHD（注意欠如多動症）と呼ばれる発達障害を抱えているということが知られて

きました。ADHDは，その名の通り「注意力に困難」を抱えている症状であり，「不注意」「多動性」「衝動性」という３つの主な症状が知られています。そして，忘田くんのような，準備の遅さや注意散漫な様子が過度に見られるのがADHDの不注意症状です。

2. 不注意＝ワーキングメモリの困難

　不注意になる要因は多々知られていますが，特に「脳内のワーキングメモリの機能が低い」という原因が多いと言われます。

　ワーキングメモリは「脳の中に同時に覚えておける記憶の数」のことであり，多くの人は平均４〜５個ほどと言われます。

　しかし，不注意症状がある子は約１〜２個ほどしか覚えておくことができず，準備や片付けのようなワーキングメモリを多く使う事務的な作業は苦手になりやすいと言われています。

ADHD（注意欠如多動症）とは？

不注意	ケアレスミスをする、注意散漫 忘れ物が多い、整理整頓が苦手

ワーキングメモリが低い
→複数の情報の記憶の保持ができない

情報が抜けが多くなる
→マルチタスクが難しくなる

例えば，朝登校してその日の準備をする時は，

　・ランドセルから教科書を取り出し，机に入れる
　・ランドセルをロッカーにしまう
　・宿題，その他プリント等を提出する

という作業が行われます。しかし，この作業の間に友達に話しかけられたり，別の気になる用事ができたりすると，準備は後回しになり，目の前の用事で手が一杯になってしまいます。

　このように，ワーキングメモリが低いと，事務的な作業が苦手になってしまいます。もし，誰もいない静かな環境であれば，新しい情報も入らないために問題なくできますが，何十人もいる教室では，常に色々な情報が飛び交っているため，不注意は起こりやすくなってしまいます。

不注意特性のある子への個別支援

　忘田くんのように不注意特性がある子にとって，周りと同じようにすることは能力的にとても大変です。よって，以下のような個別の支援を考える必要があります。

　・連絡帳に明日の用意が書かれているかチェックをする
　・準備するものを付箋に書いて目立つ場所に貼ってあげる
　・隣の席・同じ班の中で持ち物を確認する時間を設ける
　・予定と持ち物を書いた学級便りを発行し，確認できるようにする

　このような個別支援を取り入れることで，うっかり忘れ物をするといった行動を減らすことができます。また，これは遅田くんだけへの支援ではなく，学級全体で行うことで，全員の忘れ物をする回数を減らすことができるので，

学級システムとして取り入れても良いでしょう。

　特に，常に先生が手伝うことはできないので，子どもたち同士で苦手なことを支え合う「ピア・サポート」が常にできる関係性を築いていくことで，不注意や注意散漫な様子があっても，生活していくことができます。

不注意特性のある子への合理的配慮

　さて，このような個別支援の工夫は，多くの学校の先生が実践されていると思います。しかし，「ユニバーサルデザインの学級づくり」を考えていく上で，ADHD（注意欠如多動症）と合理的配慮の考え方を押さえておく必要があります。

　それはすなわち「ADHD＝注意力の障害」という事実です。我々は発達障害という存在を見ると，つい「苦手をもっている」「人より習得が遅い」という認識をもってしまいます。だから**発達障害の子には，たくさん練習させればできるようになるだろう**という考えをもってしまいます。

　もちろん，練習をすることで忘れ物を減らしたり，スマホやタブレットなどの道具を使ったりすることで，不注意症状を補うことはできますので，これらのアプローチはとても大切です。

　しかし，「ADHD＝注意力の障害」ですので，どんなに意識をしても「常に忘れ物をする」「時間を守れない」「うっかりミスをする」という存在であることは認識する必要があります。

　例えば，足が悪くて車椅子で移動をしている身体障害の人に「努力をして歩けるようにする」という目標は立てません。もしこの目標を実施したら，できないことを強要する虐待だと誰しもが気づきます。

一方で，ADHD（＝注意力の障害）の子には「忘れ物をしないようにする」「時間を守れるようにする」「集中力をつける」など，特性的に不適切な目標を立てられることがよくあります。

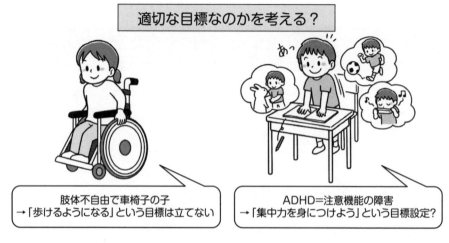

もちろん，練習してできれば良いのですが，ADHD という障害は「忘れ物をし・遅刻をし・ケアレスミスをする障害」なのだという事実を理解していないと，できないことの強要（＝虐待）をしてしまう先生になってしまうということを覚えておく必要があるのです。

　この事実を聞くと「じゃあ，そのまま放っておくのか？」と疑問をもつ人がいますが，当然放っておくことはしません。ここで押さえておく必要があるのは先に述べた「合理的配慮」という考え方です。

　合理的配慮とは「障害のある人から，社会の中にあるバリアを取り除くために何らかの対応を必要としていると意思が伝えられたときに，負担が重すぎない範囲で対応すること（内閣府）」とされます。
　簡単に言えば，学校をはじめとして多くの場所は「障害のない人」が生活することを前提としてつくられています。しかし，そのままでは障害のある

人が使うと不利益を受けてしまいます。よって，不公平が起きないよう，障害のある人が問題なく使えるように配慮をすることを合理的配慮と言います。これは，障害者差別解消法で定められており，学校では本人・保護者の求めがあれば必ず行うことが義務付けられています。

では，不注意症状がある人にとっての合理的配慮をどう考えるのか？
これには２つの配慮があります。
　１つは，先ほど紹介した忘れ物をしないためのスキルを丁寧に教えること。
そして２つ目は，**「忘れ物が発生しないための環境調整」**です。

忘れ物が発生しないための環境調整

　WHO（世界保健機構）では，障害とは何かを定めた ICF という考え方を紹介しています。この中では，障害は**「個人と環境の間にあるもの」**と定義されています。

国際生活機能分類（ICF, 2001）

障害

障害は個人と環境の間にあるもの

　つまり，例えば車椅子の人が階段の前に来たときに「車椅子なので階段を

登れない」という不都合が生まれます。この環境と個人のミスマッチで生まれる不都合を障害と呼んでいるのです。

　そして，この不都合を解消するためには，個人をどうにかするだけでなく，環境を変えるアプローチが大切です。例えば，階段をスロープに変えることで，車椅子の人でも登れるようになります。このように**配慮とは「個人」と「環境」の両方に行う**ことが重要なのです。

　そして不注意症状のある人への合理的配慮は「忘れ物が生まれないための環境調整」となります。

　例えば，以下のような環境調整があります。

・大きめの鞄に荷物をまとめて常に持ち歩く
・学校に教科書や道具は置いておく（置き勉を許可する）
・家，教室，支援級それぞれに勉強道具を置いておく
・教科書はiPadに全てデータで入れておく

　このように，そもそも忘れ物をする環境自体をなくすことで，不注意症状のある子も忘れ物で悩むことがなくなり，安心して学校に通えるようになります。

　また，忘れ物をしない環境のつくり方を本人が覚えることで，将来社会に出た時も，「データを全てクラウドで管理する」「仕事に必要なものはパソコン1台にまとめる」などの手段をとり不注意を補いながら自立した生活を送ることができます。

　このように障害特性に配慮した方法を先生が取ることで，困りごとのある子も含めて全員が楽しく過ごせるユニバーサルデザインの学級づくりが可能となるのです。

-Case 1　まとめ-

個別支援のポイント

○教師からの支援
・連絡帳に明日の用意が書かれているかを一緒にチェックをする
・準備するものを付箋に書いて，目立つ場所に貼ってあげる
・隣の席，同じ班の中で持ち物を確認してもらう

○環境調整
・大きめの鞄に荷物をまとめて常に持ち歩くことを許可する
・家，教室，支援級各々に勉強道具を置いておく
・教科書は iPad に全てデータで入れておく

全体指導のポイント

・上記の教師からの支援をシステム化し，子ども同士で実施する
・必要なものを大きく掲示しておく
・予定と持ち物を書いた学級便りを発行し，確認できるようにする

　どんなに意識をしても「常に忘れ物をする」「時間を守れない」「うっかりミスをする」ことがあるということを認識して，配慮を行いましょう。また，子ども同士で支援し合えるように学級のシステムとして取り入れることも重要です。

Case 2　授業中に立ち歩いてしまう元気くん

多動性特性のある子がいるクラス

つまずきの状況

　元気くんは，明るく元気で勉強も好きですが，つい授業中に立ち歩いてしまう様子が見られます。先生や友達が話をしている途中も，気になることがあると立ち歩いてしまい，先生に注意をされてしまいます。

　何とかしたくとも，本人も制御できないようなので，先生もどう対応して良いか悩んでしまっています…

「じっとしていられない」多動性特性

1．不注意特性と同じ，ワーキングメモリの困難

　多動性の高い子へどう対応すれば良いのか先生はよく悩みます。話をしようとしても，おしゃべりをしていたり，授業を始めようとしたら，1人だけ席に着いていなかったり，質問をすれば手を挙げずに答えてしまう…

　元気なことは良いけれど，ルールを守れないことで注意を受けたり，トラブルを起こしたりする，一体どう対応すれば良いのでしょうか？

　このように**「じっとできず，動き回ってしまう」**という特性は，ADHD症状の多動性と呼ばれます。この多動性の原因は様々ですが，主に前項でも紹介した，ワーキングメモリの困難があると言われます。

　ワーキングメモリが低いと頭の中に覚えていられる情報量が少ないため，目の前に新しい情報が入ると，そちらに注意をもっていかれてしまいます（同時に元々あった情報は忘れる）。

　そうして，新しい情報に反応し続ける結果，多動性と呼ばれる行動になります。

 多動性　　手足がもじもじ、机に座っていられない
おしゃべりが止まらない、静かに遊べない

 「じっとしていられない」という特性

実行機能のワーキングメモリの低下
（新しく入った情報を優先し、古い情報を保持できない）
↓
目の前のものに反応し続ける

多動性特性のある子がいるクラスでの全体指導

1．静と動の活動の設定

　多動性のある子をどう授業や活動に巻き込んでいくのかは，全ての先生が意識するところだと思います。

様々な方法が存在しますが，１つのポイントは「運動」です。ADHDは，簡単に言えば前頭前野という脳機能の活動が低下していることで起こる症状です。

　そして，運動をすると全身の感覚器官を使って脳に刺激が入るため，脳が活性化します。その結果，一時的に「脳の我慢する力（抑制機能）」が高まり，多動の症状が緩和するのです。そこで，授業や活動を考える際に「静と動」の活動を設定することが有効になります。

　例えば，

朝の会の前＝校庭で鬼ごっこをする（動）
　１～２時間目の授業（静）
中休み＝校庭でドッチボール（動）
　３～４時間目（静）
　給食（静）
昼休み＝校庭でドッチボール（動）
　掃除（静）
　５～６時間目（静）
　帰宅

　このように，動的な活動を挟みつつ，脳を活性化し続けることで，多動な子もおとなしく活動できる時間が増えます。

　また授業中でも，先生が話す時間（＝子どもが聞く時間）を減らして，漢字練習，計算練習，音読，作文などの個人活動，ペアトーク，グループ活動などの活動をたくさん入れて活動主体の時間を増やしていくことで，多動な子を含めて全ての子が参加しやすい授業になります。

多動性特性のある子への個別支援

　ここまでの話は集団指導を意識した対応であり，現実的には個別の対応が必要な場合も出てくることがあります。

１．特性にあった指示をしておく

　例えば，授業中に机に座っていられないのであれば，「我慢できない時は，教室を一周して戻っていいよ」と約束をして**立ち歩きを許可する**ことが有効かもしれません。

　また，運動刺激があれば落ち着いて活動できることが多いため，ゴムボールを渡して「にぎにぎしながら勉強してね」と，**ながら勉強を認める**ことで参加できるようになるかもしれません。

　あるいは，多動な子は「やるべきこと」があると集中して，おとなしく活動できることも多いです。例えば，「暇な時には，ノートの空白に色塗りをしていいよ」とルールを決めておけば，勉強に参加しつつ何をしていいかわからない時間は色ぬりに集中するため，結果的に暴れずに授業参加できる子もいたりします。

　このように，目の前の子どもの特性に合わせて個別の指示を入れることで，授業に参加できるようになります。

２．「待つ」という選択肢をもつ

　上記の支援に加えて，ADHDの特性の中で知っておくと良いことが，

「ADHDは約3年遅れて脳が発達する」というものです。

　小学校において多くの子がおとなしく先生の話を聞いて待つことができるのは，脳が発達して自分を抑えて我慢ができる機能が育っているからです。

　ただ，ADHDを抱える子は，この我慢をする脳機能の発達が3年ほど遅れるというケースが多く見られています。（※参考1，p134）

　しかし，小学校高学年になるとこの脳の発達が追いつくため，多動性のある子でも我慢ができる子が増えます。

　実際に，小学校1年生の時はちょこまかと動いていた子が，6年生になるとおとなしくなり活動に参加できる様子はよく見られます。

　先生は多動な子を見ると，「今，我慢することを覚えないと大人になった時に大変なことになる！」と危機感をもってしまい，ついその時から厳しく接してしまいます。そして，高学年になり多動性が減ると「やっと指導を聞いてくれるようになった」と誤解をしてしまいます。しかし，おとなしくなったのは，ただ脳が成長したからであり，先生が必死になって叱って指導したからではありません。

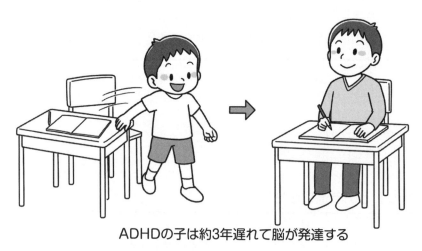

ADHDの子は約3年遅れて脳が発達する

現場で多いのは，この脳が育っていない１年生〜４年生の間に我慢を教えようと叱られ過ぎてしまい，行動が荒れる，不登校などの二次障害につながってしまう，というケースです。

　よって，ADHDの多動な子がいる時は，「叱って我慢を教える」ではなく，「高学年まで待つ」という考えをもつことが必要です。

　下記のように，学級全体に影響が出ないように配慮をしつつ，待つことが大切です。

> ・多動な子も参加しやすいように授業を工夫する。
> ・少しぐらい多動な様子があっても受け入れてあげる。
> ・周りに迷惑がかかるなら，迷惑にならない代替行動を教える。

　そうして，待っていれば徐々に脳が育ち，おとなしく行動できる割合が増えていきます。もちろん先生は大変なわけですが，むやみに叱って，我慢をさせて二次障害になるよりは遥かに楽ですし，子どもも先生も笑顔でいられます。

多動衝動性は待つことが大事

小学校高学年以降、徐々に多動性は収まっていくので叱らなくてもよい

脳が発達段階の小１〜小４で無理やり叱って静かにさせる
→発達段階上無理な負荷をかけるので、二次障害のリスクが高まる

また，子どもの多動が強いと「この子は大丈夫なのだろうか？」と心配で疲弊している保護者の方も多いです。そのような時も，「高学年まで待つことで，行動はおとなしくなるケースが多いです。だから，大変だと思いますが，我々も最善を尽くしますので，一緒に待ちましょう」と共感しつつ，待ってもらいます。「高学年まで」という見通しがつくと，保護者も安心してくれることは多いです。

　このように，**ADHD の多動性には「待つ」という手段を知っていることが，学校現場では重要になる**のです。

　補足ですが，これは ADHD の多動性の話であり，例えば虐待経験などの精神症状からくる多動や，叱られて，自己肯定感が下がり非行に走っている，などの二次障害症状から起こる多動性には有効ではありません。
　優しい心を持っており，真面目に行動しようとしているにもかかわらず，脳機能の困難から多動性が強い子に適応できる方法だということは，お伝えしておきます。

-Case 2　まとめ-

個別支援のポイント

・周りに迷惑のかかる言動が見られる場合には，立ち歩きを許可するな
　どの代替行動を教える
・ゴムボールを渡すなど，「ながら勉強」を認める
・叱って我慢を教えるのではなく，「待つ」ことも選択肢に入れる

全体指導のポイント

・静と動の活動を設定する
　朝の会の前や，中休み・昼休みに積極的に校庭で遊ぶことをすすめる
　などで，多動な子の脳を活性化し続けます。

・授業では活動主体の時間を増やす
　漢字・計算の練習などの個人活動，ペア・グループトークなどの活動
　を増やしていくことで，多動な子も含めて全ての子が参加しやすい時
　間をつくります。

　むやみに叱って，我慢をさせてしまうと，行動の荒れを引き起こし二次障
害に繋がってしまうこともあります。「待つ」ということも大事な視点とし
て取り入れましょう。

Case 3 朝，遅刻してしまう遅田さん

衝動性特性のある子がいるクラス

つまずきの状況

　遅田さんは，朝遅刻をしてくることが多いです。毎日門がしまるギリギリに登校するため，朝礼や朝の会に間に合わないことが多く，先生によく注意をされてしまいます。理由を聞くと「なんか起きれないの…」と本人もよくわかっていないようです。

　家庭に連絡をすると，その後しばらくは早く登校しますが，すぐに遅刻が増えてしまいます。一体どうすれば良いでしょうか？

「我慢ができない」衝動性という特性

1．目の前のご褒美を我慢できない

　ADHD の主症状の中に，「衝動性」があります。例えば，列に並んでいても「もうやだ！」と言って飛び出してしまったり，授業中に友達が発表をしている時についつい口を挟んでしまったりするなど，いわゆる「我慢ができない」という特性から起こります。

　この衝動的な行動には様々な要因がありますが，そのうちの1つに「報酬系回路の機能が低い」という理由があります。

　例えば，人は「メリットが大きい方を選択する」という基本的な性質があ

ります。もし「今，500円もらえる」「来週1000円もらえる」という２つの選択肢があった場合，多くの人は報酬の大きい「来週の1000円」を選びます。しかし，報酬系回路の機能が低いと，長期的な利益よりも目の前の500円を選択してしまいます。ADHD を抱える人の多くは，この「目の前の報酬を我慢できない」という特性をもっています。

　この特性は子どもの日常・学校生活の様々な場面で影響を及ぼしますが，その中の１つに「睡眠」と「遅刻」があります。

　例えば，夜寝る前に漫画やゲーム，YouTube，お絵描きなど本人が楽しいと感じているものがあると，「早く寝ないと明日の朝起きられない」ということがわかっていても，「目の前の楽しさ（＝報酬）」を優先してしまい寝る時間が遅くなります。その結果，朝起きることが大変になり，遅刻することが多くなります。

　他にも ADHD の子は，勉強が苦手で学校の授業もつまらないと感じているケースは多いです。この状態だと朝起きても，「学校に行くこと＝楽しくない」と感じているので，「布団の中で気持ちよく寝る」という報酬を選んでしまって，結果的に遅刻が確定する時間まで寝てしまう，という結果につながることになります。

　このように，ADHD を抱える人は，衝動性によって睡眠困難と遅刻癖の２つで困っている人は多いのです。

衝動性特性のある子への支援

１．授業がつまらないと睡眠障害が増える？

　それでは，「睡眠困難」「遅刻癖」にはどのように対応したら良いのでしょ

うか？

　シンプルな方法として，**「学校生活を楽しくする」**という方法があります。

　「授業は面白い，友達と話すことも楽しい，先生も優しい」

　このような学校生活であれば，「学校＝報酬」となるので，子どもは「明日は学校だ！」と早寝をしますし，朝起きたら「学校へ行ける！」と報酬を感じるため，早起きして登校することができます（これが難しいのですが）。

　これは私の現場での感覚ですが，授業・学級経営が上手な先生のクラスでは，このような生活習慣の問題は少なくなる傾向があります。

　一方，「授業が面白くない」「クラスの人間関係が悪い」という学級では，ADHD の子で睡眠の問題を抱える子や遅刻する子の割合が多くなります。

　先生としては，「そんなのわがままでしょ！」と言いたくなりますが，現実的な問題として，ADHD の子どもは「楽しいこと・興味のあること（＝報酬）」のない状態では，脳の活動が極端に低下するため，心の問題としても状況が改善することはほとんどありません。

2．報酬を積極的に使う

　上記で「学校生活を面白くすればいい」と書きましたが，現実問題として，難しいケースは多いです。

　勤務時間内に準備万端で全ての授業をするには，学校の先生は忙し過ぎます。行事の準備もありますし，自分の学級だけではなく，校務分掌で学校運営に関わる仕事もあります。トラブルがあれば保護者対応も必要ですし，休日にすら地域行事に駆り出されることがしばしばです。そのような状況で，学校生活を面白くすればいいとは，なかなか現実的な解決策ではありません。

　そこで，ADHD の特性を考えて対応を考えます。まず先ほど紹介した「報酬系回路の機能障害」とは，いわゆる「楽しいこと」に強く惹かれてしまう状態です。つまり，ADHD の人は「積極的に報酬を使う」という手が

有効になります。

　例えば，「遅田さんがゲームが好きで，夜ゲームをしていて寝る時間が遅くなって，朝起きられない」という背景があるのであれば，保護者と相談して，家庭で「ゲームをするのは，朝起きてから登校時間まで」とルールを決めてもらえれば，「早く寝たらゲームができる！」と考えて，早寝・早起きの生活になります。

　他には，遅田さんが好きな活動が塗り絵なのであれば，朝学習を塗り絵にすると，登校のモチベーションが高まり，早寝早起きができます。

　このように，ADHD を抱える子には「報酬を積極的に使う」という発想で解決策を考えることが重要になります。

将来のために報酬を活用する

1．外的な報酬を使う教育は悪？

　日本の教育では，「内的な報酬を活用することが善である」という風潮があります。

「ご褒美で子どもを動かしたら，ご褒美がないと動かない子になる！」
「利益とか考えず，自分の興味関心で動いて欲しい！」
このような意見は教育現場では根強くあります。

　心理学では，「〜したい！」と身体の内側から湧き出るやる気を「内発的動機」と言い，内発的な動機で取り組んだ方が，子どもは成長し，学力も向上する，という事実は様々な教育研究でもエビデンスがありますので，この風潮は当然と言えます。

　しかし，把握しておくべきことは，この**内発的動機がうまく働かないのがADHDの報酬系回路の機能障害だ**ということです。

　・「痩せたい！ダイエットする！」と内側からやる気が出ている
→目の前にお菓子が置かれると，報酬を我慢できず食べてしまう
　・「科学者になりたいから勉強する！」と机に向かう
→途中でゲーム（＝報酬）を見てゲームを始めてしまう
　・「授業が面白かった！もっと調べたい！」とインターネットを開く
→ YouTube の広告が流れてきて，そのまま関係のない動画を見てしまう

　このように，やる気に溢れていても外的な動機に左右されやすいため，内発的な動機で行動することが難しいという現状があります。
　もちろん，自分の興味関心で動いて適切な行動を覚えていくタイプの子も存在します。しかし，そもそも先生や保護者が困ってしまうレベルのADHDの子の場合は，コントロールが難しい内発的な意欲を重視するよりも，外的な報酬をしっかり設定してあげる方が，適切な行動を覚えやすいです。さらに，危険な状況も避けることができるので，ご褒美を悪いものだと考えずに，むしろ積極的に活用していく姿勢が大切になります。

2. ご褒美の活用は，実は将来のため？

　前述の通りご褒美（＝報酬）を積極的に活用することにマイナスの印象を持つ先生は多いと思います。しかし，ADHD，あるいは衝動的な行動が多い子に関しては将来のためにもご褒美の使い方を考えることが重要です。

　例えば，大人が仕事をするのは報酬として給料を得て生活できるからです。「自分がやりたいからやっている！給料（＝報酬）なんていらない！」という方は少ないはずです。教師の仕事を無償でやる先生もほとんどいないと思います。

　・料理をする＝美味しいものを食べられる，健康になれる
　・掃除をする＝気分がよくなる，家がきれいだと褒められる
　・人助けをする＝感謝される
　・お洒落をする＝テンションが上がる，褒められる

　自立するためには様々なスキルを覚える必要がありますが，多くの場合は色々な見返り（＝報酬）があるから行うか，必要感があるから行います。
　ADHD という症状は，単にこのような報酬に関して，目の前のことを優先しやすい，というだけです。
　そして，大人の ADHD の人は，「部屋が片付かないでゴミだらけ」「遅刻して上司に怒られる」「仕事先に大事な資料を忘れる」など，家庭・仕事でも衝動性が原因で生活に困り感を抱えるケースが多いです。
　よって，子どものうちから**「自分はどんな報酬であれば，活動できるのか？」という自己理解を進める**ことは，ADHD の人には大切です。
　例えば，私は ADHD 当事者であり，子どもの頃から遅刻癖があり，よく怒られていました。しかし，現在では遅刻は（あまり？）しなくなりました。

これは何も「時間感覚が身についた」「時間を守る大切さに気付いた」ということでは全くありません（いまだに時間の感覚は全くわかりません笑）。

　私は仕事先に向かう時は，**「開始予定時刻の２時間前に現地に着き，現場の一番近い喫茶店で本を読む」**というルーティンで動いています。なぜADHDの私がこの行動ができるのかといえば，「喫茶店で本を読んでいる自分ってカッコいい！」という自己認識があるからです。つまり，喫茶店で本を読んでいるカッコいい自分が報酬となって，家でスムーズに準備をして出発できるということです。

　ちなみになぜ「２時間前」なのかと言えば，ADHDの不注意症状も私は強いので，移動中にたくさんのハプニングが起こって予想より時間を使ってしまうことが多いからです。

　「Suicaのチャージを忘れる」「降りる駅を間違える」「間違ったバスに乗る」「忘れ物に気付いて取りに帰る」「近道らしきものを見つけて，進んで，道に迷う」「酔っぱらったインド人を介抱して遅れる（事実）」etc…

　このように，予定より時間がかかってしまうことが多いですが，２時間という時間の余裕があることで対処ができるのです。

　このエピソードを聞いた人は私のことを「変な人だ！」と思うでしょう。しかし，「注意力の障害」を持って生まれた以上，注意力はない状態で生活していかなくてはいけません。自分にある限られたリソースを使って，どう生きていくかを考えることはADHD当事者（あるいは全ての人）にとって重要なことなのです。

　よって，ADHDの人にとっては，「自分は何が報酬なら頑張ることができるのか？」という自己理解が大切になります。そして学校の先生は様々な報酬を考えて，「〜があると遅田くんはとっても頑張れるんだね！」と褒めてあげてください。「〜なら頑張れる！」という事実を一つひとつ知って**自分の身体をコントロールする術を知る**ことが，ADHDの子どもが将来生きる上で大きな力となります。

-Case 3　まとめ-

個別支援のポイント

・「学校が面白い！」という印象を与えるための工夫をする
　学校を面白いと思えるように，「授業が面白い」「友達と話すことが楽しい」「先生が優しい」などのポイントを押さえたり，報酬を効果的に活用したりします。
・家庭で「ゲームをするのは，朝起きてから登校時間まで」等，報酬を意識したルールを決めてもらう

全体指導のポイント

・朝学習にその子が好きな活動を設定する。
　面白いと感じることができれば，衝動性特性のある子は積極的に関わろうとしてくれます。その子の好きな活動に，積極的にクラス全体で取り入れてみると，衝動性が収まります。

　ADHD の報酬系回路の機能障害というものがあり，内発的動機がうまく働かないという特性があることを把握しておきましょう。先生や保護者が困ってしまうレベルの ADHD の子の場合は，コントロールが難しい内発的な意欲を重視するよりも，外的な報酬をしっかり設定した方が，適切な行動を覚えやすいですし，危険な状況も避けることができます。

Case 4 コミュニケーションが苦手な 静香さん

社会性の困難がある子がいるクラス

つまずきの状況

　ASD と診断されている静香さんは，発表したり周りの子と話したりするのが苦手なようです。授業では手を挙げることはなく，グループ活動もおとなしくしているだけです。グループワークではしっかり者の子に助けられて参加できるようですが，将来を考えると，しっかりコミュニケーションを取れるようになってほしいとも思います。

　一体どうすれば良いのでしょう？

多様な背景がある社会性の困難

1．社会性とは何？

　生きていく上で「最も大切な力は何か？」を問われたら多くの場合，最初に挙がるのはコミュニケーション能力です。また「学校は社会性を教える場所」という言葉があるほど，学力以上に大切な力とも言われます。

　学級の中には，このコミュニケーションの力が低いと思われる子もいます。近年では，発達障害の中の「ASD（＝自閉症スペクトラム）」を抱える人がクローズアップされるようになりました（以下 ASD ＝自閉症スペクトラム）。

　ASD は「社会性の障害」とも呼ばれ，

> ・常に受け身で積極的に行動しない
> ・1人でいることを好む
> ・会話が極端に噛み合わない

など，周囲の子とのコミュニケーションが苦手な様子が見られます。

文科省の調査では，1％ほど自閉症と思われる行動をする子が存在することがわかっていますし，実際に，テレビなどのメディアでも紹介されることが増えています。学校の先生にも，ASD の知識をもち，子どもたちの社会性を高める役割が期待されています。

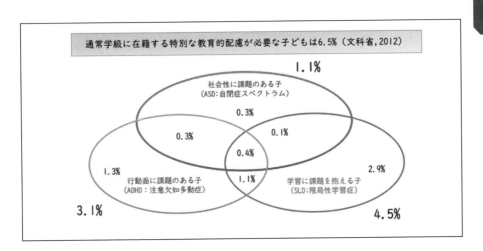

しかし，「ASD ＝社会性の障害」と聞いても多くの先生は，「一体何を指導すれば良いの？」と途方に暮れてしまいます。なぜなら「社会性とは何か？」という認識が統一されていないからです。

「周りに合わせて静かにする力？」「でも，自分の意見を主張することも大切だよね？」「でも自分の意見ばっかり言ったらわがままだし…」と，考えても社会性とは何なのか，どう教えれば良いのか，わからないままです。

よって，ここでは ASD の抱える「社会性の障害」の中身を考えることで，子どもの社会性をどう捉え，高めていくのかを考えていきたいと思います。

2．言語の困難

　社会性の困難が生まれる要因の 1 つに，「言語の困難」があります。実は，言語の困難があると，どんな人でも ASD の人と同じような行動が増えるということがわかっています。

　例えば，ポルトガル語（ブラジルの公用語）が話せない日本の大学生が，ブラジルに旅行に行くことを想像してみましょう。ブラジルの空港に着いたら，なんだか暖かい気候で周りの雰囲気も日本とは全く異なります。
　しかし，周りはポルトガル語で表記されているので，どこがどんな場所なのかわかりません。ギリギリ知っている英語表記の看板を見つけて，焦ったり，吃ったりしながら話します。そして，ブラジル人に話しかけられたら，どうしていいかわかりません。頑張って話を聞いてみると「私たちはお尻よ！」と言っているようですが，何を言っているかわからず，「お尻ではないです…」と返事をするのが精一杯です（※「お尻と同じで引き裂けないほど仲が良い」の意味のブラジルのことわざ）。とりあえず，落ち着くために静かな場所で 1 人でこれからのことを考えることにしました…

　このように，言葉に困難があると，不安な様子が見られたり，焦ったり，吃ったり，静かだったり，比喩やたとえ話がわからなかったり，1人になりたがったりと，ASDの人によく見られると言われる行動が増えるのです。

　つまり，ASDの人は「言葉の困難」をもつケースが多く，それゆえに**言語支援がとても大切になる**のです。

　また，ASDの人は視覚優位と言われますが，それは「視覚の能力が高い」ということではなく，言語的な能力が低いので，相対的に視覚の力に頼っていることが多いため，イラスト，写真，動画を使って説明するなどの視覚支援が重要になるということなのです。

3. 非言語の困難

　ASDの人は，言語的な能力だけでなく，言語以外の能力でもコミュニケーションの苦手さを抱えることが多いです。

> ・アイコンタクトが苦手
> ・相手の気持ちを感じ取れない（共感できない）
> ・相手の立場で考えることが苦手

　このように言語以外でも，コミュニケーションに使う力が低いこともあります。

社会性の困難がある子への個別支援

　静香さんのように言葉が苦手なタイプのASDの子へは，まず第一に言語支援が必要となるでしょう。

・困っている時に「教えて」と助けを求める力
・困っている人を見たら「大丈夫？」と声をかける力
・挨拶をされたら挨拶を返す力
・悪口を言われたら先生に伝える力
・ぶつかったら「ごめんね」と謝る力
・「ごめんね」と言われたら「いいよ」と許してあげる力

　上記のように，何かあった時にとっさに言葉が出るよう教えてあげることは，とても大切です。

　では，どうやって教えれば良いのでしょうか？

　方法の１つとして**モデリング**という方法があります。これは，目の前でモデルを見せて，マネをさせて教える方法です。

　例えば，静香さんに「困ったら先生に『教えてください』と言ってね！」と言葉で教えてもイメージができず，実際の行動に移せないことがあります。

　このような時は，静香さんに教える前に，先生の方から「静香さん，先生を助けてください！」と助けを求めます。

　そうして，何回も静香さんに助けを求めます。すると，その度に「助けの求め方」のモデルを目の前で見ることができます。また付随的な効果で，助けを求められて感謝される経験は，成功体験になりやすく自己肯定感が高まりやすくなります。
　人に助けを求めるという行動は，心に余裕がなければできないことも多いため，失敗体験を積んでいる子どもにはなかなかハードルが高いことがあり

ます。そこで，先生から助けを求めることでモデルを見せると同時に，子どもの自己肯定感を高めていきます。そうして，しばらく繰り返すと，「先生教えて！」と自然に言えるようになります。

人に頼られた経験があるから、人を頼ることができる

　子どもに限らず，余裕がないと周りに助けを求めにくい人は多いです。スキルを教えると同時に，心の支援も考えることでスキルを身につけやすい雰囲気をつくることができます。

社会性の困難がある子がいるクラスでの全体指導

　静香さんのようなタイプの子は，授業中，自分の意見を発表する場面が苦手なことも多いです。また，一斉授業中心の日本では，「いつも同じ子しか発表しない…」と発表場面での悩み事を抱える先生は多いです。

この時，多くの場合，「聞く力」を育てる指導が重視されます。「みんなが静かに聞いていれば，話すのが苦手な子も発表しやすい」と考えるからです。

1．「聞く姿勢」よりも…

もちろん，聞く力の指導は大切ですが，実は「聞く姿勢」を指導する前に「発表する力」を育てることが重要です。

発表を含むコミュニケーションでは，「聞く」という活動は「話す」という活動があって，初めて行われます。そして，子どもたち一人ひとりの「話す力」が高まれば，そもそも子どもたちは自然に発表を聞きます。その様子を価値付けしていくことで「聞く力」は身についていきます。

つまり，最初に行うことは発表の仕方・練習などの「話す力」の指導なのです。

特にASDの子は，コミュニケーションの基礎となる「会話」で苦手さを抱える場面が多いです。しかし，「話す・聞く」を含む，会話の機会をたくさんもつことで，徐々にコミュニケーションスキルが高まっていきます。

2．発表する力を育てる方法

子どもの中には，静香さんのように話すのが苦手だったり，発表が苦手だったりする子もいます。最近では，無理に発表しなくても良い，という配慮もありますが，身体機能の問題で話せない構音障害（語音症），吃音症などがないのであれば，ASDの子も経験を積むことでコミュニケーションスキルは育っていくのも事実です。

また，学級全体で考えても，「人前で発表する」という機会は将来の自立

に向けて大切な力となるため，積極的に行うことが望ましいでしょう。例えば，話す力を育てるには以下のようなステップがあります。

> ・大きな声を出す練習
> ・原稿を書く練習
> ・原稿を基に発表する練習
> ・原稿を見ないで発表する練習
> ・即興で自分の意見を発表する練習

「大きな声を出す練習」は，例えば，朝の会で歌う時に「声が壁に当たって跳ね返ってくるぐらいの声で歌います！」などの指示をして，張った声を出す練習をします。また，運動会の「ゴーゴーゴー」のように，２組に別れて歌ってみるのも，「向こうの組より大きな声を出す」というわかりやすい目安になるので，効果的です。

このように，朝の歌，音楽で歌唱指導，国語の音読・暗唱などの様々なタイミングを利用して，「大きな声で話す」というスキルを全体で練習します。

3．全員が発表する機会を段階的に意図的につくる

授業中に発表をするときは，「まずは隣の人に自分の意見を言いましょう」とペアトークで練習します。これは，隣の人に意見を言うというスモールステップを踏むことで，全体への発表への心理的ハードルを下げることが目的です。

その後に，「では，意見を１人ずつ発表しましょう」と全員発表する展開にすると，「黙っていれば大丈夫」という展開から，「発表があるから，考えよう」という思考に変わるので，発表への意識が変わります。まずは隣の人に自分の意見を伝えて，一度「できた」という成功体験を積むと自信がつくので，大きな声で全体に発表することができます。

ここまで，コミュニケーションに必要な「話す聞く」の力を育てる全体指導を紹介しました。しかし，これは全体指導の話であり，もし場面緘黙，吃音など，話す聞くに対して困難のある子がいる場合は，また別の方法が必要になりますので，子どもの実態によって調整をしてみてください。

-Case 4　まとめ-

個別支援のポイント

・「モデリング」を活用して，マネさせて社会性を教える
　言葉で教えるよりも，例えば先生が実際に「助けて！」と言って助け
　を求め「助けを求める様子」を見せることで，必要な社会性をスキル
　として獲得させていくことができます。
　他にも「謝る」「心配する」「挨拶を返す」「許す」などの行動を該当
　の子どもに積極的に見せていきます。

全体指導のポイント

・聞く力よりも，「話す・発表する」力を育てる
　子どもたちの「話す力」が高まれば自然と「聞く力」もついていきま
　す。そうすることで，社会性の困難がある子も含めた全員が安心して
　暮らせるクラスになります。

　特に ASD の子は，コミュニケーションの基礎となる「会話」で苦手さを
抱える場面が多いです。しかし，「話す・聞く」を含む，会話の機会をたく
さん持つことで，徐々にコミュニケーションスキルが高まっていきます。

Case 5 時間に合わせた行動が苦手な頑固くん

こだわり行動のある子がいるクラス

つまずきの状況

頑固くんは，好きなことについ熱中してしまう性格です。そして熱中するあまり，次の予定になかなか移動ができず，切り替えが苦手な様子が見られます。図工の作品を作っているときも「あと少しだから！」と終わってくれません。周りの子もなかなか次の活動に移れずモヤモヤしてしまいます。

どうすればスムーズに切り替えができるのでしょうか？

1つの物事に集中してしまうこだわり行動

1．なぜ1つのことにこだわってしまう？

ASD（＝自閉症スペクトラム）を抱える子は「こだわり行動」と呼ばれる症状があります。

こだわり行動は様々な種類がありますが，例えば，電車，恐竜，昆虫，幾何学模様，模写など，極端に好きなものがある子は多いです。いわゆる「〇〇オタク」「～博士」など呼ばれて個性の1つとして認識されることも多いですが，特徴の1つに，好きなものがある反面，身近な人間関係に興味をもつことは少ないのも特徴です（アイドルやスポーツ選手などに興味をもつことはあります）。

他には，決められた予定にこだわる子もいます。このタイプのASDの子

は，時間割の変更に過度に拒否反応を示すことがあります。

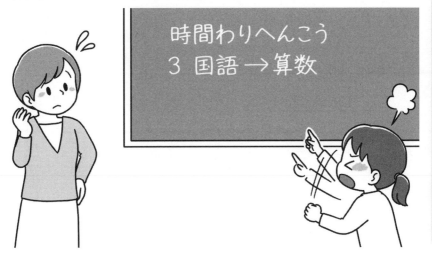

また，自分のペースにこだわりが強い子は，先生や友達からアドバイスを受けても決して自分のやり方を曲げずにこだわってしまいます。

完璧にこだわりを持つ子は，テストが100点でないと暴れてしまう子もいます。

このように，状態は様々ですが「何かに強烈にこだわっている」という様子をもっていることが「こだわり行動」と呼ばれる症状の特徴です。

2．なぜ，こだわってしまうのか？

「こだわり行動」は，ASDの診断基準にも入っていますが，なぜこのように1つのことに熱中してしまうのでしょうか？　様々な理由がありますが，代表的な理由は2つあります。

①疲れている体を回復させるため

1つは「何かに集中している状態が楽である」というケースです。ASDの人の中には，感覚過敏と呼ばれる症状をもつ人が多いことが知られています。そして，感覚過敏をもつ人は，視覚情報，聴覚情報など絶えず様々な刺激にさらされているため，常に神経が張り詰めて疲れている状態です。

　そんな時，好きなものに熱中しているとどうなるか？

　1つのことに集中するほど，他のものが気にならなくなっていきます。

　読者の皆さんも，公園で遊んでいると周囲が暗くなっていることに気づかないで，「もうこんなに暗くなってる！」と驚いた経験のある方もいると思います。

夢中になっていると、その他の感覚刺激がシャットダウンされる

　これは，目の前の遊びに集中していると，他のことに対する注意がシャットダウンされるということが原因です。

　つまり，ASDの子が目の前のことにこだわってしまうのは，何もわがままで行動をしているのではなく，何かに集中している状態になることで余計な刺激を体に入れず，疲れがちな体を一番楽な状態にしたいからなのです。何かにこだわることで，結果的に体が楽になり，消耗した体力・精神力を回

復させることができるというわけです。

②目の前の報酬に反応し続けてしまう（過集中）

ASDを抱える子で多動衝動性を同時にもっている子どもがいます。いわゆる，ASDとADHDを合併している子です。そのような子は，過集中と呼ばれる特性をもっていることがあります。

過集中は発達障害を抱える人には多く見られ，時には「1つのことを極めることができる才能」と紹介されることもあります。例えば，ADHDの衝動性の紹介をした時に，好きなことでないとドーパミンが脳から出ないため「好きなことでないと活動できない」という特性であることを紹介しました。

過集中はこの原理の結果，何か好きなこと，楽しいことが目の前に存在しているため，ドーパミンが放出され続けて，結果的に自分の意思では止められなくなっている状態です。

この過集中は，社会的に適切な行動で働いた場合は，才能と呼ばれます。例えば，過集中状態で勉強をすることで短期間で優秀な成績を収める方もいますし，仕事において過集中を発揮して，大きな成果を残しておられる方も多いです。これは働くことによって報酬・成功体験がすぐに手に入るので，報酬系機能が働きやすいためと考えられます。

特に，独立・起業家の方は，仕事が成果に直結しやすいので，過集中特性と相性が良いと言えます（一方，組織で働くと目の前の仕事が成果に直結しないことも多く，集中力も高まらいために相性的には良くないとも言えます…）。

このように社会的に好ましいとされる行動であれば問題ありません。しかし，ギャンブル，アルコール，タバコなども快感を得やすい活動のため，こ

ちらに過集中状態でハマってしまうと依存症に陥ることもあります。

　特に小学生の間では，ゲームや YouTube などで過集中が起こり，宿題ができない，夜寝ない，などの生活習慣の乱れにつながるケースは多いです。
　また，お菓子などを出されると，これを報酬と捉えて，我慢ができず食べ尽くしてしまう，などの行動を繰り返して，過食，接触障害のような状態になることもあります。そのため，過集中的なこだわり行動が見られる場合は，保護者面談の時に家での様子を確認して，依存性のある行動に注意するよう情報を共有し，家庭でのルールづくりや，お菓子は買い置きしないなどの保護者の協力を得るところから話し合うことも必要になります。

保護者と協力した依存症の予防対応が大切になる

こだわり行動のある子がいるクラスでの全体指導

　頑固くんのように，こだわり行動があると，周りに合わせて行動することが難しくなります。よって切り替える方法を教えていくことが必要になります。
　この時に，「なぜ物事にこだわってしまうのか？」という理由から考えていった場合，主に３つの切り替えを促す方法があります。

1．楽しいことへの切り替えを促す

ASDのこだわり行動は，「感覚刺激を減らすための自己調整行動」「ドーパミンが活性化している過集中状態」という２つの状態があることを紹介しました。この現象を考えると，いくつか方法を考えることができます。

１つは，「楽しいことから，楽しいことへは切り替え可能」ということです。自己調整行動であれば，同じように興味を引く楽しいことなら，感覚への負担は減りますので，スムーズに切り替えることができます。

過去に，予定へのこだわりがある〇くんを担当したことがあります。時間割の変更に過度に反応して「なんで！」とパニックになります。運動会の時期は練習のために，何度も時間割が変更になるので，その度に説明して納得してもらうのに大変でした。

そんな状況でしたが，冬の時期に雪が降って来ました。貴重な機会だったので，管理職に相談をして外で遊ぶことにしたのですが，〇くんに予定の変更を伝えることが心配でした。

おそるおそる「次の時間は音楽なんだけど，外に雪が積もってきたから外で雪遊びに変えたいんだけどいい？」と聞くと，目をキラキラさせて「いいよ！」と答えてくれました。

これは一例ですが，実際の現場でも「本人が楽しいことへの変更」であれば，こだわり行動が発動しにくいケースは多いです。

また，過集中をしている子も「楽しいことに報酬系回路が反応し続けている」という状態ですので，同じく興味を引く楽しいことであれば，そのまま切り替えてくれるケースは多いです。

2．切り替えやすい状況設定

上記のような特性を意識すると，元々のスケジューリングの時点で，子ど

もたちが切り替えて行動しやすい環境設定を考えることができます。

　例えば，図工や作文，創作系の授業はこだわり行動が発動しやすい傾向があるので，１，２時間目に予定して多少こだわって行動が遅くなっても，「完成した人から中休み」とすることで，終了準備への切り替えがスムーズになります。

　あるいは，４時間目の給食前であれば多少こだわりのある子であっても，「次は給食です！残りは次回にして片付けましょう！」と促したり，「作品を完成させた人から給食です！」と伝えたりすれば，切り替えてスムーズに行動しやすくなります。

　他にも，先生としては微妙な思いでしょうが，子どもたちにとって「授業が早めに終わる」という事実も「嬉しいこと・楽しいこと」に認識される，という特徴があります。

　よって，授業が35〜40分で終わるよう計画しておき，「ノートに感想を書いて提出したら終了」「漢字ドリルを１ページ行い，先生の合格をもらったら終了」などの展開にする声かけも，子どもたちにとっては切り替えやすい指示になります。

　このように，こだわり行動の特徴を含めて考えると，頑固くんも含めた全ての子が切り替えやすい指示というものが見えてきます。

こだわり行動のある子への個別支援

１．あえて１人にして全体の行動を見せる

　切り替えやすい環境設定を行っても，やはり頑固くんのように，どうして

も切り替えが苦手な子は存在します。その場合に意識すべきは、「全員同じタイミングで行動を揃えない」ということです。

例えば、「体育で校庭集合するときに、頑固くんは庭の木に気を取られてしまい集合場所に来ない」という状況で、「早く来なさい！」と先生が叫んでも感覚をシャットダウンしていて、なかなか聞き入れられないケースがあります。この時は、先に体育係などに指示して準備運動を始めてしまいます。そして、「準備運動をしているクラスメイト」を見せて「集まって準備運動をしているよ！」と声をかけます。

人間は、「集団」を見るとつい「何かあるのかな？」と興味関心を惹かれてしまう生き物です。これは、人に興味がないと言われる ASD の子でも、「全く興味のない」という子は実は多くはありません。それだけ、「集団」には人を惹きつける効果があります。

つまり、何かにこだわって行動が遅い子を切り替えさせたい時は、まず他

の子を動かして先に進めさせます。そして，「その様子を見せて追いつかせる」という手順で誘導をした方が，ASD の子にとっては何をするのかのモデルにもなり，切り替えが容易になるのです。

逆に言えば，ASD の子を含めて強制的に一斉に動かそうとすると，特性的には難しいことが多いのです。

2．刺激の少ない声かけや促しをする

こだわり行動・過集中という特性を考えると避けた方が良い対応も明確になります。

例えば，こだわり行動は，「余計な感覚情報をシャットダウンするための自己調整行動」です。よって，集中している状況の子に，「次の活動があるでしょ！」「早く終わりなさい！」と声をかけたり，体を揺すったりするなどの余計な刺激を入れてしまうと，逆にこだわり行動が強まってしまい，切り替えにくくなります。

それよりも，刺激が少ない方法で切り替えを促す方が子どもには入りやすいと言えます。

例えば，「事前に伝えていた終了時刻の時計を見せる」などであれば，刺激は少なく子どもの頭に入ります。また，活動が終わった子から，教室の外に出てもらいます（廊下で待機，図書室やプレイルームで読書等）。すると，教室に残っている子は静かな環境で活動ができるので，活動が進みやすくなり，また余計な刺激もないので，こだわり行動も弱まっていきます。

これらの方法は，子どもの実態によって変わりますが，背景要因を知っていることで，子どもに合わせた対応を選択できるようになります。

-Case 5　まとめ-

個別支援のポイント

・全体の行動を揃えない
　こだわり行動に夢中になっている子をあえて１人にすることで，他の
　クラスメイトの動きに興味をもたせることができます。
・事前に伝えていた，終了時刻の時計を見せる
　過集中状態の子どもに無理に切り替えを促すと，逆にこだわり行動が
　強まってしまうことがあるため，刺激の少ない促し方をします。

全体指導のポイント

・楽しいことから楽しいことへのスケジューリングを意識する
　図工や作文，創作系の授業で，「完成した人から中休み」とすること
　などの対応で，終了準備への切り替えがスムーズになります。
・授業は35〜40分くらいで終わるように計画する
　授業が早く終わる＝嬉しいこと，のため，次の行動への切り替えがう
　まくいきます。これはこだわり行動のある子だけでなく，全ての子が
　切り替えやすい教室にもなります。

　何かにこだわって行動が遅い子を切り替えさせたい時は，まず他の子の様
子を見せて追いつかせる」という手順で誘導をした方が，何をするのかのモ
デルにもなり，切り替えが容易になります。

Case 6 周囲の音や刺激に敏感な繊細さん

つまずきの状況

　繊細さんは，おとなしい，穏やかな女の子です。しかし，大きな音を聞くとしゃがみ込んでしまったり，クラスメイトと手を繋いだりするなどの行動が苦手です。授業中もキョロキョロして，集中することが難しい様子です。保護者からは「感覚過敏があるんです」と言われていますが，どう配慮をすれば良いのかわからず困っています。

　一体どうすれば良いのでしょうか？

周囲に理解されにくい，感覚の困難

1．世の中に広まった感覚過敏

　近年，発達障害という言葉がメディアで紹介されることが多くなり，同時に「感覚過敏」という言葉も紹介されるようになりました。特にNHKで2017年より始まった「発達障害プロジェクトシリーズ」にて感覚過敏を抱えた人が紹介されたことで，世の中に周知されたことは記憶に新しい出来事です。

　そうして，言葉が広まったことで一般人や学校の先生方にも知られる存在となった「感覚過敏」ですが，実際に抱えている子どもの行動や様子は一様

ではありません。

　障害者差別解消法によって，学校現場には合理的配慮を行うよう通達もされましたが，「じゃあどう対応すればいいの？」と困っている現場の先生も多いのが実態です。

　以下では基本的な感覚過敏の紹介をしたいと思います。

2. なぜ感覚の困難が起こるのか？

　感覚の困難とは，主に2種類存在します。

　1つは，普通の人より感覚を過度に感じ過ぎてしまう「感覚過敏」，そして普通の人より，感覚情報を感じとることが苦手な「感覚鈍麻」，この2つです。同一の人が2つの特性を併せ持つというケースも見られます。

感覚過敏の一例　　　　　　　　感覚鈍麻の一例

過敏な子，鈍感な子と表現してしまうと簡単なのですが，実態はそう簡単ではありません。なぜならば，感覚とは人間の発達の最も根底にある存在であり，人間の行動を決める大きな要因となっているからです。

　例えば，聴覚過敏という症状があります。これは一般的に，聴覚情報を過度に感じすぎてしまうために，友達の話し声などの音刺激に敏感になってしまったり，工事の音や運動会のピストルの音を痛いくらいに感じ取ったりしてしまう状態を言います。

　こういった様子を聞くと，「大変なのかな？」「気にしないようにすればいいのかな？」「イヤーマフをすればいいね！」などの考えをもつ先生が多いと思います。このような認識をもって，感覚の困難のある子へ配慮を考えて，対応していける先生はとても素晴らしいです。
　しかし，以下では，さらに踏み込んで感覚の困難について紹介していきます。

3．過敏性＝防衛反応

　先ほど紹介した聴覚過敏の子の話を聞くと，
「音が大きく聞こえるのかな？」
「大きな音が嫌なのかな？」
というイメージをすると思います。これは，概ね正しい理解なのですが，もう少し彼らの気持ちを理解するために，**「過敏性＝防衛反応」**という考え方を紹介します。

　これは，**「過敏」**とは**「命の危機を感じている状態」**ということです。
　例えば，森をハイキングしているときに，小鳥のさえずりや小川のせせらぎなど様々な音が聞こえると思いますが，特に気にせず行動することができ

ます。

　しかし，森の中から「グルルル…」と低い唸り声が聞こえたらどうでしょうか？　音の大きさは小さなものです。しかし，「…まさか！！！」「クマがいる！？」とイメージができたとたん，血圧は上がり，心臓はバクバクして，「逃げなきゃ！！！」と考えがめぐり，一瞬で逃走して生き延びられるように，体の状態が変化します。

　そして一目散に逃げるとなんと唸り声をあげていた動物（どうやら熊）が追ってきます。疲れたり，足が痛かったり，色々なことはあれど全てを無視して，とにかく必死に逃げることだけに集中です。しかし，とうとう崖に追い詰められ逃げ場がありません。すると，残る手はどうするか…「やられるぐらいなら…やってやる！！！！」と思いカバンを振り回して，生きるために，必死の抵抗を始めます…

　いかがでしょうか。実際にあったらこうなるだろうな，というイメージをもってもらえたか思います。

　人間に限らず多くの動物は，生存の危機になると，逃げたり戦ったりする機能を体に備えています。ここで伝えたいことは，過敏性とは体が命を守るために行う防衛反応であるということです（上に挙げたものは「闘争 - 逃走反応」「迷走神経反射」などと呼ばれます）。

　過敏性のある子は，感覚情報の処理がうまくできず，この危険から身を守るための防衛反応が強く発動している状態だと考えられています。そして，この過敏性が強いことで起こる行動は２つあります。

　１つは，周囲の刺激に過剰に反応してしまうことです。これは自分の体を守るために防衛反応が強く出ているからです。

　２つ目は，「対人不安」です。先生・クラスの友達を安全な存在であると，認識することが難しいため，次のような状況が見られやすいです。

- ・積極的に動かない
- ・初めて会う人を見たらかたまったり，先生の後ろに隠れたりする
- ・机の下で丸まって隠れる
- ・パーカーのフードを深くかぶって顔が見えないようにする

また，周囲の人を安全な存在だと認識することが難しいため，

- ・友達と肩がぶつかったら，カッと頭に血がのぼってキレてしまう
- ・先生に叱られると逆上してパニックになる
- ・周囲の子に暴言を吐いたり，威嚇したりする

という対人不安からくる攻撃的な様子（闘争反応）も見られます。

　このように，感覚過敏がある子には，「周囲の感覚に過剰に反応してしまう」「対人不安な様子」が小学校において多く見られます。

それでは，どのように対応をしていくのかを，感覚過敏の状況別に紹介していきます。

聴覚過敏のある子への配慮と対応

聴覚過敏の子は，音声情報の適切な処理ができなかったり，音声の安全危険を判断したりすることが困難なために防衛反応が起こっている状態と考えられます。そして，最大40人が存在する小学校のクラスは，人も物も多いため相性がとても悪いです。

よって，基本的な対応として，**「お互いの話を静かに聞けるルールづくり・授業づくり」「イヤーマフ・耳栓などの活用」**が紹介されます。

これは大切な対応であると同時に「過敏性＝防衛反応」という原則を考えたときに，より意識すべき対応があります。

それは，**「安心な学級づくり」**です。

聴覚過敏は，安全か危険かの判断が難しいために，音声情報に対して防衛反応が出ている状態です。つまり，子どもたちの関係が悪かったり，先生が常に怒鳴っていたり，緊張感のある教室だと，常に防衛反応が働いている状態になります。よって，周りの子の声が聞こえるだけで，緊張して疲れやすくなりますし，「陰口を言われているのでは…」と不安性が高まったり，「今，馬鹿にしただろう！」とはっきりしない音声も自分を攻撃しているように誤解してしまったりするなどの状況が増えてしまいます。

よって，「友達同士の仲が良くて，なんでも話せる」「先生は話を聞いてくれるし，授業も面白い」という安心した環境をつくれば，「防衛反応」が発動することも減りますので，繊細さんのような子も，聴覚過敏の症状が和らいでいきます。

もちろん，全て完璧に実施することは現実には難しいです。よって，聴覚過敏のある子に対して，支援方法を用意しておくと良いでしょう。

・座席を，苦手な子や騒がしい子からは離す
・イヤーマフ・耳栓・ノイズキャンセリングなどを活用する
・大きな声で指示をするのではなく，ハンドサインや指示ボードを使う
・静かな部屋や段ボールハウスなど，疲れた時に静かに休めるクールダウンスペースを用意する

　これは，実際に診断を受けた子の保護者から依頼されたなどの状況であれば，事前に準備しておくことで先生も楽になります。

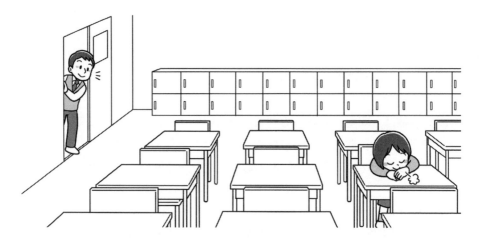

　なお，

・「言った，言わない」で喧嘩になりやすい子
・周囲がうるさいと「静かにしてよ！」とキレやすい子
・何度も教室の隅のスペースに入りたがる子

などの行動が見られる子も診断されるレベルではありませんが，過敏性を抱えている子であることが多いです。そのような子がいる時も，聴覚過敏を想定して，上述のような準備をしておくと，対応しやすいでしょう。

触覚過敏のある子への配慮と対応

　聴覚過敏と並んで，有名なのが触覚過敏です。テレビなどでは，
「マフラーのチクチクした刺激が不快で着ることができない」
「耳掃除や歯磨きなどの触覚刺激に抵抗してしまい，お母さんが困ってしまう」
などの症状が紹介されるケースが多いです。

　これらの背景もあるため，「触覚過敏は服の素材で困っている」などのイメージをもたれていることが多いようです。また，

　・プールでは水の感覚が嫌で入水できない
　・泥の感覚が不快で，砂場遊びに参加できない
　・水のりの感覚が不快なため使用できず，セロハンテープばかり使う

といった行動も，触覚過敏のある子には見られやすい行動です。

　一方，小学校においては先ほど紹介した通り，「過敏性＝防衛反応」のため，触覚過敏の多い症状には対人不安も当てはまります。特に触覚は人間の中でも最も早期に発達する重要度の高い感覚器官（受胎後7.5〜18週で発達）であり，触れるかどうかで安全と危険を見分ける機能があります。
　このため，触覚の機能が適切に働かないと対人関係で安心感が得られにくく，上記でも紹介した対人不安の行動が多く見られるようになります。
　また，同じ世代の子どもが多い小学校では，対人不安のある触覚過敏の子

にとっては非常に刺激が強いため「疲れた…」「保健室に行っていいですか?」のように, 周囲の子と比べて, 疲れやすかったり, 休憩を欲しがったりする行動が見られます。これも, 特性上表れやすい症状ですので,「甘えているだけだ!」と判断せず, こまめに休憩を挟んで上げることは, とても大切な配慮になります。

触覚過敏の子に多くみられる行動

・衣類への拒否, 特定の素材へのこだわり
・触覚を使った遊び, 活動への極端な嫌悪行動
・対人関係に過敏に反応する様子
・疲れやすく, 休憩を欲しがる

このような触覚過敏の子は, 診断がついているレベルの子は, 普通学級にはそこまで多くいません。しかし, 私が今まで入ったクラスには, 診断がつ

かない軽度の触覚過敏がある子は，普通学級にも１～３人ほど存在していました。そして，子ども自身では原因がわからないが，なぜか居心地が悪い，うまく周りに合わせられない，といった悩みを抱えているケースがほとんどです。

　小学生の間は，自分でこのような困り感を理解することは難しいケースも多いので，先生が気づいて，配慮をしてあげることが大切になります。

　では，先生はどう配慮・対応する必要があるのか。１つは聴覚過敏のページでも紹介した，「安心感のある学級づくり」です。

　子ども同士の仲が良く，ストレスなくコミュニケーションできる環境であれば，対人不安の症状も軽減して，過度に疲れる様子も軽減します。

　また，特定の衣類や触覚遊びも，安心している状態，友達と盛り上がっている状態であれば，防衛反応は発動しにくいため，活動に参加しやすくなります。

　また，「安心感のある学級づくり」を考えるときに，「触覚」という視点があると，様々なアプローチを考えることができます。

　先ほど紹介したように，人は触れるかどうかで，危険か安全かを判断しています。そこで，子ども同士のスキンシップを取り入れた活動をたくさん入れることで，お互いを安全な存在だと認識しやすくなります。例えば，

・手つなぎ鬼
・おしくらまんじゅう
・ジャンケン列車
・はないちもんめ
・背中文字

などのスキンシップの機会を，休み時間や体育の体づくりなどの時間にたくさんつくることで，子ども同士の安心感が高まり関係性を深めやすくなり

ます。他にも，学活で「クラスオリジナルのハイタッチを考える」，国語で「友達の背中に漢字を書いて当てる漢字クイズを行う」など，スキンシップを意識した活動をたくさん行うことで，繊細さんのような子も含めて，全ての子が安心感を得られる学級づくりを行うことができます。

　もちろん，これは学級全体の話であり，繊細さんのように触覚過敏症状が強い子には，別途配慮は必要となります。

　感覚の支援の基本として「感覚器官は使えば使うほど，脳内に適切に情報処理するための回路が形成されて，発達が促される」という前提があります。

　例えば赤ちゃんは，積極的に身の回りのものを触りに行きます。

　・初めて見るものはまず触ってみる
　・両親の顔をベタベタ触る，抱っこをせがむ
　・タンスを引き出し，中のものを引っ張り出す
　・公園では木や草や土などを触り続ける
　・帰る時は壁を触りながら帰る

　このような豊富な触覚経験を通して，触覚機能を発達させていきます。

　しかし，触覚過敏のある子は，触ることそれ自体を不快に感じやすいため，十分な触覚経験を得られていないケースが多いです。だから，小学生になっても，周囲の状況・人間関係に対して，なかなか安心感を得ることができません。

　よって，触覚を使った遊びをたくさん経験することで，繊細さんタイプの子も，徐々に触覚が発達して，不安症状が軽減していきます。もちろん，触覚過敏は子どもによって程度は異なりますし，症状が強い子はなかなか軽減しない子も多いです。

ただし，先ほども紹介した通り，安心感のある状況であれば触覚過敏は和らぎやすいので，休み時間に，安心できる友達・先生と一緒に砂場で遊んだり，粘土で遊んだりする。また，マットの上でくすぐりごっこをしたり，おんぶリレーをしたりと，ダイレクトなスキンシップの機会をたくさんつくることで，触覚の発達も促しやすく，対人不安症状も軽減していきます。

　もし，クラス内の人間関係で難しい時は，初めは先生と一対一で行ったり，飼育係になってウサギの世話をする中でスキンシップを始めるなど，スモールステップで考えていくことが良いでしょう。

視覚過敏のある子への配慮と対応

　上記で，聴覚過敏と視覚過敏について紹介しました。実は，この2つは，特性上，過敏な行動が目立つので，先生や専門家がキャッチアップしやすい症状です。

　一方，ここで紹介する視覚過敏は，実は現場では見つかりにくいことで有名です。視覚過敏とは「視覚情報に対して過剰に反応してしまう」，あるいは「視界に入るものに対して，過度に反応しやすい」という防衛反応が起きている状態です。シンプルにいえば「視界に入るものに，キョロキョロ反応している」という状態なのですが，普通学級ではそもそも周囲に何十人と子どもがいて，さらに，学級の壁面も掲示物だらけであることがほとんどのため，「視覚過敏でキョロキョロしているのか？」それとも「多動な子なのか？」「不注意でキョロキョロしているだけなのか？」これらの見極めが難しく，専門医の方でも見分けるのは難しいと言われます。

　もちろん，視覚過敏の症状が強い人の中には，「カメラのフラッシュを見るとオーバーフローして目が見えなくなってしまう」「スーパーの蛍光灯の

チカチカに耐えられない」といったレベルで，困り感を抱えている人もいます。これは ASD 当事者のニキリンコさんのエピソードでもよく知られています。（※参考2，p134）

　一方，学校現場では強い視覚過敏のある子よりも，軽度で視覚過敏をもっており，それゆえに多様な視覚刺激に翻弄されて授業に集中できなかったり，先生の話を聞き逃して叱られてしまったり，といった子が多いのです。
　これは先生から見ても，なかなか見分けがつきにくいため，そもそもの教室環境を視覚過敏の子でも参加しやすい環境にしておくことが重要です。

　ここで，視覚過敏の子の感じ方を考えます。聴覚過敏，触覚過敏と同じく，視覚過敏の子は，視界に入ってきた情報が「危険なもの」だと誤認しやすい状況だと考えられています。

　例えば，暗い森の中を想像してみるとわかりやすいかもしれません。暗い森で，どんな危険が潜んでいるかわからない，このような状況では木々が風で揺れても「ビクッ！」と驚くでしょうし，突然コウモリが「バサバサっ！」と目の前に飛んでくると，それだけで「わぁぁぁ！！！！」と叫んでしまいそうになります。暗闇に突然，猫の光る目が現れたら，「うぉぉぉ！」と固まって動けなくなるでしょう。
　このように，視覚過敏の人は周囲の視覚情報に防衛反応が過度に出ている状態と考えられているため，視界の中で「ひらひら」と動くものや，「キラキラ」と光るものには過剰に反応しやすいと言われています。

　よって，教室環境で一番余計な刺激になってしまうものは，壁面の掲示物です。ユニバーサルデザインを意識した学級づくりでは，「黒板周りをすっきりさせましょう！」と言われることがあります。
　もちろん，すっきりさせることは大切なのですが，もう少し言えば，掲示

物が風でひらひらしている状態，あるいは，図工の作品や学級目標などでキラキラしている素材を使っている，といった環境では，視覚過敏の子が反応しやすくなってしまいます。

そのため，黒板の掲示物を減らすというよりも，

・掲示物の四隅をしっかり画鋲で留めて，ヒラヒラしないようにする
・キラキラ素材は避けて掲示物をつくる
・ひらひら，キラキラがある図工の作品は，教室の後ろか廊下に飾る

などの特性に合わせた対応をすれば，教室前面に掲示物が貼られていても，大きな問題は少ないと考えられます。全く何も貼らないよりも，学級目標や今月の目標などは，前面に掲示して子どもたちに伝わりやすい環境をつくった方が，子どもたち全体の成長に有益なことも多いです。

どちらも目標ではなく，子どもの実態と担任の先生のやりやすい方法を考える上での手段ということで考えていくことが大切です。

嗅覚過敏・味覚過敏のある子への配慮と対応

　視覚・聴覚・触覚ほどではありませんが，嗅覚・味覚過敏の子どもも学級には存在することがあります。どちらも行動面で大きな問題に発展することは少ないですが，やはり困り感につながりやすい場面もあります。

　例えば，嗅覚過敏の子は，外の匂い，友達の体臭などで気分や体調を左右されてしまうケースがあります。この場合は，マスクの着用などが有効とされます。

　また，嗅覚・味覚共に「食べ物に対する安心感」に直結する感覚器官です。そのため，給食で好き嫌いが多い，偏食といった行動が見られます。
　過敏性によって，偏食になっている子に無理やり食べさせることは当然アウトです。場合によっては虐待にあたりますので，強制することなく，子どもの無理のない範囲で食べられる環境づくりが大切です。

　一方で，偏食による栄養の偏りは，子どもの体の発育にダイレクトに影響します。例えば，学校における偏食事例としては，

> ・白い食べ物（白米・牛乳）しか食べない
> ・魚やフライなど，食感が混在する料理が食べられない

などのケースがあります。

　どちらも，独特の感覚によるものなので強制はしませんが，例えば，食感の違いが受け入れられない子であれば，硬い部分，柔らかい部分，あるいは素材を明確に分けて，別々で出すことで食べやすくなるケースがあります。他

には，過敏性が強く防衛反応が出ている子は，信頼している先生や，仲の良い友達に促されることで，少量ずつ食べることができるケースもあります。

過去に偏食のある子を担任した場合は，過敏性の強い子でしたので，私自身も信頼関係の構築に苦労しましたが，仲の良い男の子２人が「大丈夫だよ！」「美味しいよ！」と声をかけることで，少量ずつ食べて徐々に食べられるレパートリーを広げられたこともありました。

他には，食材・調理品に対する安心感がないと食事ができない子の場合は，ご家庭で保護者と一緒に料理をつくることで，「これは食べても大丈夫なものなんだ！」と理解して，食べることができる子もいました。

例えば，謎の生物の肉が目の前に出てきても，素直に食べられる人はそうはいないと思います。食べたら何が起こるかわからないので，誰でも防衛反応が発動するでしょう。

しかし，「実はこれは豚の肉でした〜」と加工前の写真を見せられると安心して食べることができると思います。

このように，料理に対する見通しがあることで，防衛反応が軽減されるので，自分で素材の状態から料理をしてみる，という方法を保護者と一緒に試してみることも良いかもしれません。

これらは１つの対応例です。食事は心身の発達に大きな影響を与えるため無理強いはしませんが，レパートリーを広げる努力をすることは，子どもの将来を考えると大切になりますので，ぜひ試してみてください。

繊細さんを見逃さない

ASD で感覚に過敏性のある子は，本人は感覚刺激で辛い状況であっても，

「みんな参加しているから，我慢しなきゃ！」と耐えており，結果的に先生に見過ごされているケースは多いです。

　そして，我慢した結果，家では疲れて動けなくなったり，ストレスが家で爆発したりして，保護者より「家で，すごい泣き叫んでしまうんです…」と相談を受けることも，保護者面談ではよくあります。

　先生は「家の中のことは関係ない」と思わずに，「教室で過剰な情報に晒されて，我慢をしているから家庭で爆発しているのかも？」と考えて，子どもの行動をよく見て，教室環境の見直しや，個別の配慮を考えていきましょう。

　繊細さんのように静かに困っている子を含めて，全員が過ごしやすい環境をつくることが，ユニバーサルデザインの学級づくりには大切なのです。

-Case 6　まとめ-

個別支援のポイント

・聴覚過敏の子には，イヤーマフや耳栓などを活用する，ハンドサイン
　や指示ボードを使う，疲れたときに休める場所を用意する，など。
・触覚過敏の子には，安心をもてる相手と砂場や粘土で遊ぶ，ダイレク
　トなスキンシップのある遊びをする，など。

　上記のように，感覚の過敏がある子には，まず「安心感」を与える個
別の支援を行うことから始めます。

全体指導のポイント

・休み時間や体育の時間に，みんなでスキンシップをとる機会をつくる

　クラスに安心感があれば，感覚過敏の症状が出にくくなり，また対人
不安などのストレスも軽減されます。そのため，「みんなが仲良く，
楽しくなる」活動を取り入れることで，お互いが安全な存在であるこ
とを認識させます。

　感覚に過敏性のある子は，本人は辛い状況であっても，「みんな参加して
いるから」と耐えており，結果的に先生に見過ごされているケースが多いで
す。全員が過ごしやすい環境をつくる視点は必ず持ちたいですね。

Case 7 音読が苦手な夜目内くん

つまずきの状況

夜目内くんは，お喋りが好きで明るい子ですが，授業で音読する場面では，うまくできずに困っています。丸読みをしていても，夜目内くんだけ一文字ずつ読んでしまうので，目立ってしまい，本人も気にしている様子です。先生も声をかけて練習をしますが，何度読んでもスラスラ読めません。

一体どうすれば良いのでしょうか？

学習障害は，「文字の困難」

1．LD児への学習支援の意義

発達障害が有名になるにつれて，様々な研究や対応方法が世の中に紹介されるようになりました。ASDやADHDの子への支援方法は，先生・保護者の困り感もあったので，特に広まるのは早かったと思います。

一方，発達障害の中でもLD（学習障害）を抱える子に関しては，なかなか支援が入らない状態が続いています。

これは，LDの子は勉強で困っていても，行動面はおとなしいことが多いため，支援が後回しにされてしまうケースが多いからです。

しかし，勉強がわからないまま放置されてしまうと，当然授業では置き去りにされたままです。その結果，小学校3〜4年生の時点で，学習は1〜2

年レベルということも多く，その時点でやっと支援が入り特別支援学級に移動となる，という事例は多々あります。

また，「LDの子に学習を支援する」と聞くと，

・勉強ができないことで下がっている自己肯定感を高める
・将来の進学の可能性を広げる

というイメージをもっている先生は多いです。もちろん，非常に大切なのですが，LDの子にとって同等に大切なことは**「二次障害の予防」**です。

2．二次障害を防ぐために支援する

少年院の子の発達障害のスクリーニング検査をしたところ，LDの子が半数以上いたという研究があります。

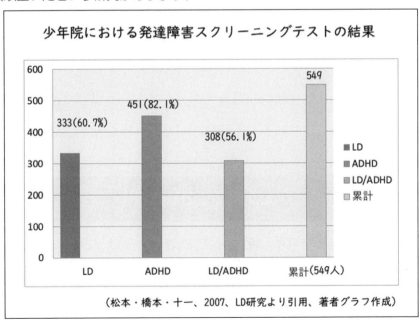

（松本・橋本・十一、2007、LD研究より引用、著者グラフ作成）

つまり，学習に困難があることによる失敗体験の積み重ねは，非行に走る子を増やし，反社会的な行動の増加にも影響してしまっている可能性があるということです。

　また，学習が難しくなる中学校においては，不登校の数が小学校時点の5〜10倍にもなることが報告されています（2019，文科省）。

　このように，LDの有無と二次障害の関係性はいまだ研究中の部分はあるものの，子どもたちに大きな影響を与えていると考えられます。

　シンプルに考えてみると，例えば，「運動が苦手」という子が強制的にラグビー部に入部させられたとします。するとどうなるか？ほとんどの場合は，部活から逃げたり，サボってグレたりすることが容易に予想できるのではないでしょうか？

　これは当たり前のように感じますが，現在の学校教育では，「学習が困難」とされている子も「勉強を教える学校」という部活に強制的に入部させられていると考えられます。不登校になったり，あるいは先生に反抗し，非行に走ったりするのもある意味当然と言えるでしょう。

　そこで，小学校の先生はLDの知識をぜひもっていただき，学習に困り感のある夜目内くんのような子へどう関わっていくべきか考えてほしいと思います。

LDの2つの基準

　日本でLDの支援を考える時に，「2つの基準」を知っておくと良いです。1つは，文科省が定めた基準で**「知的障害はないが，聞く・話す・読む・書く・計算する・推論する（算数の文章題）能力のうち，特定のものの習得が著しく困難な状態」**という定義です。

　2つ目は医学の基準であるLDの定義です。これは，**「知的障害はなく，学習環境も問題ないにもかかわらず，読む・書く・計算・推論の習得困難な状態」**というものです。

　上記2つの定義を読んで，何か違和感を感じないでしょうか？私は最初にこの2つの定義を並べた時に，「『話す・聞く』はどこへ行った？」と思いました。文科省の定義にはありますが，医学の定義から『話す・聞く』がないのです。

　これは，医学では「LDは文字使用の困難」と考えているためです。

　・文字を読めない，読字障害
　・文字を書けない，書字障害
　・算数文字（記号）を扱えない，算数障害

　つまり，LDを「勉強ができない子」と認識すると，彼らの困り感が逆に見えづらい状況に陥ることがあります。そうではなく，**「LDとは文字使用の困難」**と考えることで，夜目内くんのようなLDを抱える子への具体的な配慮や支援方法が思いつくようになります。

1．LD症状の主な要因：音韻の困難

　それでは「文字の困難」とはどう考えれば良いのでしょうか？
　これは，音読を例にするとわかりやすいかと思います。
　例えば，読者の皆さんは「音読は大切だと思いますか？」と聞かれたら，どう答えますか？

　「大切！」と答える人は多いと思いますが，「小学校低学年の間は必要かも

しれないけど，高学年になったら流石には必要ないんじゃない？」「音読なんて時間の無駄だよ」と考える人も一定数いるかと思います。

　ここで「大切！」と答えた方に，もう１つ質問をします。それは，「子どもに音読は大切と答えた皆さんは，本を読む時に音読をしますか？」というものです。
　多くの方はここで「子どもには大切と言っているが，大人はやらない…？」と不思議な気持ちになると思います。そうです，大人は音読をしないのです。

子どもはたくさん音読をするのに、大人はしない？

　では，大人はなぜ音読をしないのか？これは，単純に考えると「頭の中で読めるから」だと思います。つまり，大人は黙読で本を読めるので，あえて音読をする必要がないのです。

　さて，ここで最後の問題です。「子どもは頭の中で本を読む（＝黙読）ことはできるでしょうか？」

　あまりに当たり前すぎて考えてしまう人も多いと思います。答えは「子どもは頭の中で読めない」が正解です。

　乳幼児期の子どもは，まず会話を通して言語を学んでいきます。そして，

徐々に絵本の読み聞かせ，ひらがな，カタカナを声に出してなぞり書きする練習などを通して，徐々に文字と音声情報をつなげていきます。

　そして，小学校に入り，国語やそれ以外の授業でもたくさん音読を繰り返して，文字と音声を同時に頭に入れます。これを積み重ねて，徐々に「文字を見たら，頭の中で音声化される力（＝黙読の力）」が身についていきます。

　研究では，「音読から黙読への移行」をテーマにしたものが数多くあり，特に国語力の向上に重要なテーマとも言われます。

　この時，「文字を見て，頭の中に音声が流れる」という機能が音韻と呼ばれる機能です。専門用語なので，特に覚える必要はありませんが，LDのある子の約８割が，この音韻の力がうまく機能していない（＝音韻の困難）と言われています。

　この音韻の困難があると，文字・単語を見ても，すぐに音声として読むことが難しくなります。例えば，教科書を見ても，「く〜じ〜ら〜ぐ〜も〜」と一文字ずつ読む，逐次読みという現象がよく見られます。

　このような音韻の困難があると，文字・文章を見てもすぐ理解ができなくなります。LDについて「勉強が苦手なだけでしょ？」と考えている方もおられますが，「文字が読めない」という状態は，生活の上での困難も多くなります。

　世の中の新しい情報の多くは文字情報で紹介されます。新聞・ネットニュースも読めませんし，役所の手続きも大変になります。

　LDを単なる「勉強が苦手」という認識でいると，この人生における困難を想像できなくなりますので，「LD＝文字の困難」だと認識していただければ，彼らの困り感を理解することができるかと思います。

　例えば，教室の壁や黒板に「学級目標」「今月の目標」「今日の予定」「〇〇の説明」など様々な文字情報が掲示されています。先生たちも全て説明す

読むことの困難がある子がいるクラス

るのは大変なため「これを読めばわかるよね！」と，子どもに任せてしまうこともあると思います。

　しかし，LD の読字障害は文字情報の理解困難という特性ですので，例えば「黒板に書いた明日の予定を連絡帳に写す」という活動だけでも，とても時間がかかります。先生も LD という考え方を知らないと，「連絡帳を書くのに何分使ってるの！」と叱ってしまうこともあるでしょう。

　一方，LD を文字の困難だと知っていれば，横に立って「明日は〇月〇日です。1 時間目は国語，2 時間目は算数…」と声に出して読み上げてあげる，**つまり文字を介さないで教えてあげる**ことで，読み書き障害の子にもスムーズに情報が伝わり，連絡帳を書くことができます。

　このように，文字を介さない音声情報での支援が学級全体において大切になってくるのです。

2．音韻の困難もスペクトラム

　夜目内くんのように，読み書き障害症状のある子には，特性に応じた支援・配慮が必要になります。年齢や状況によっても様々ですが，前提として「音韻の困難もスペクトラムで出現する」ということがあります。

　自閉症はスペクトラムで表れる，と特別支援教育では知られるようになりましたが，これは他の様々な発達障害症状でも，LD の音韻の困難でも同様です。

　音読練習をすれば，すぐに黙読もできるようになる国語力の高い子は，通常授業で十分です（右ページ図，一番右のゾーン）。

　一方，音韻の力が低いが，そのままの授業では黙読への移行が遅れて，学習・日常生活にも不便が発生する真ん中ゾーンの子もいます。この場合は，

授業の工夫や，個別の支援を入れることで適切に黙読に移行して授業への参加ができ，社会生活にも困り感なく過ごせるようになります。

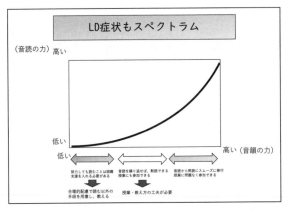

そして，音韻の力に困難があり，授業の工夫や通常の支援では，授業に参加レベルまでは厳しい，またそのままでは日常生活の困難が予想される一番左のゾーンの子も通常学級には一定数存在します。

このような子は，無理やり音読をさせたり，教科書・ノートで授業に参加させたりするのではなく，合理的配慮で様々な支援ツールや制度を使って，この先の将来をどう生きていくのかを考えていく必要があります。

この３つのゾーンの考え方は，あくまで一例であり，実際の現場では見極めが非常に難しいです。また，「頑張れば授業参加できるが，自己肯定感が低く学習を拒否する子」もいますし，反対に「音韻の困難が大きいが，周りに合わせようと，必死に努力をする子」など，本人の思いが現実と離れているケースもあります。

このような状況の中で，本人の能力と小学校・地域の教育資源を合わせて「どう育てるのか？」を考えていく必要があるのです。

以下では，夜目内くんのような子がいるクラスでできる授業の工夫や，合理的配慮の事例を紹介していきますが，前提として上記のようなスペクトラム状態が現場では当たり前であり，子ども一人ひとりに合わせて考えていく必要があります。

読むことの困難がある子への支援と対応

　音韻の力が低く，文字情報が音と繋がりにくい真ん中から左の子には，黙読の力をつけるために「文字・音・イメージ」の３つをつなげる授業を考えることが大切です。

　「文章を読む」という活動は，様々な認知機能を活用しています。例えば，「犬」という文字を見た時に，「いぬ，けん」という読み方が頭にある一方で，実際の犬の姿や「ワンワン！」と吠える様子などもイメージされます。このように，文字を読んだ時に，「文字・音声・イメージ」の再現がスムーズに行われるほど，文章はスラスラと読めて，理解度も高くなります。

　よって，文字と音声を繋ぐ音韻について紹介しましたが，実際に読むためにはイメージもできる文字・文章のイメージ化支援も大切になります。

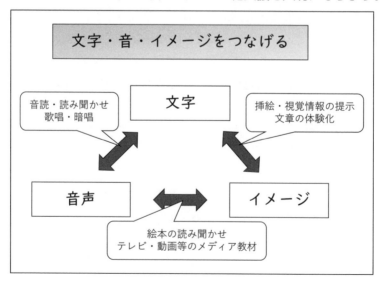

1. 文字と音をつなげる

　文字と音をつなげることが黙読への移行では大切になるため，授業の中で「文字と音をつなげる練習」を取り入れることが必要になります。代表的なものは音読です。「文字を目で読み取り，口で発声し，耳で聞いて，頭の中で理解する」と，音読は使う感覚器官も多く，効果的な活動です。

　一方，音読は活動の難易度が高いため，できない様子も目立ちます。例えば，教科書の丸読みを授業で行うと，苦手な子の時だけ止まって目立つため，意欲が削がれてしまうことは多いです。

　そのため，１人ずつ読む丸読みではなく，最初は「先生が読む→子どもが同じ文を読む」と追い読みで練習することは効果的です。夜目内くんも，最初に先生の読み上げを聞いているので，音声情報は頭に入っています。それに合わせて文字を見て読むので「音声と文字の一致」が容易になります。

　その後，追い読みである程度スラスラ読めるようになったら，丸読みや先生の前で発表・確認であれば夜目内くんの抵抗も減るでしょう。

　「文字→音声」というアプローチは，夜目内くんにとっては負担が大きいです。よってこのように，反対の「音声で聞く→文字で読む」という展開にした方が，参加しやすく意欲も下がらないので，授業参加のハードルが下がります。他にも，

・読み聞かせ
・朝の歌で音声だけ流してある程度聞く→歌詞を見て歌う
・詩の暗唱→詩を見て音読

などのアプローチなども学習中に行っていくと，良い支援となるでしょう。

2．文字とイメージをつなげる

　文字を見たときに，音声と同時にイメージもできた方がより読解の精度は高まります。例えば，国語の物語や説明文の単元では初めに文中に出てくるものを，写真やイラストで最初に掲示してイメージを与えると読解をする時の負担が減ります。例えば，2年生スイミーの物語を読んでいるときに「からす貝より真っ黒」という文を読んでも「からす貝」がわからなければ，読むスピードにかかわらず，読むことは困難になります。

　年齢が上がれば，文章から推測する力も必要となりますが，小学生の間はまず，文中に出てくるものはイメージで事前に伝えて，「文字－イメージ」をつなげていくことが読みの支援となります。

　また，教科書会社のHPなどには視覚支援教材も紹介されているケースもあるので，積極的に活用していくことが大切です。

3．音声とイメージをつなげる

　また，音声とイメージをつなげることも大切です。文字を見たときに音声，イメージの結びつきが強ければ，音韻の力の補助となります。

　例えば，絵本の読み聞かせなどは文字よりも，音声とイメージ情報が強いため，頭に残りやすくなります。

　また，教科書に掲載されている教材は日本中の子どもたちが知ることになるため，掲載されている内容に関連したYouTube映像も多いです。
　例えば，2年生「動物園のじゅうい」の単元では，「多摩動物公園の一日」といった内容で，YouTubeに教材と似たような内容の動画を作成し，宣伝もかねて動画教材を提供しています。（※参考3，p134）

このような，視覚支援リソースを随時活用していくことは大切な支援となります。

ICT機器を活用した合理的配慮

先生が授業を工夫することで授業に参加できれば良いですが，やはり特性が重く難しい子もいます。この場合は，合理的配慮の考え方に基づいたアプローチが重要です。

例えば，

・テストの時は，先生が問題文を読み上げる

・教科書会社が出しているLD用の教科書を取り寄せる

・デイジー教科書を申請する（※参考，p134）

などの支援があります。テストでの読み上げは読みに困難がある子に対して，大切な支援になります。もちろん，「他の子はないのにズルい！」という考えはよくありません。足が悪い人にとっての車椅子，目が悪い人が使うメガネと同じです。支援があって初めて周りの子と同じ条件になることを押さえておき，周囲の子も含めて適切に指導しましょう。

また，現在では読みに困難のある子どものために多くの教材がありますので，こちらも積極的に活用していくことが大切です。使用にあたっては医学的な診断なども必要ありません。困り感に気づいたのであれば，先生でも保護者でも，本人からでも，申請が可能です。

学習障害のある子のための学習環境づくり

このように，教室において「これなら勉強ができる！」という安心感のあ

る学習環境をつくることが，ユニバーサルデザインの学級づくりには重要です。

　私自身，現在は支援員という立場で色々な教室に入らせていただきますが，よく見る場面が，LDを抱える子が授業中に教室を飛び出す姿です。

　他の先生が捕まえて，話を聞いても，ダンマリだったり，「嫌だ！」と言ったり，よくわからないのでとりあえず「問題児」の認定をします。

　しかし，その多くが「文字が把握できない」「授業内容がわからない」「何をして良いかわからない」という状況で耐えきれなくなっているケースです。反対にADHD，ASDを抱える子でも勉強ができる子は意外と教室でもおとなしいです。なぜなら授業で活躍ができるからです。

　また，子どもたちは何も望んで学校に来ているわけではありません。「義務教育だから」と言われて，強制的に教室に来ているわけです。無理に連れてこられた場所で，自分の苦手な作業を何時間も行うことになったら，当たり前ですがストレスが相当なものです。

　それだけ，LDを抱える子にとって教室という場所は，ストレス要因になることは把握しておく必要があります。そして，LDの子を含めて，どんな子でも参加しやすい授業をすることは，学級づくりにもとても大切になります。

-Case 7　まとめ-

個別支援のポイント

・文字と音をつなげてあげる
　子どもの横に立って，ノートに書き写すべき言葉を読み上げてあげる
　など，「文字を介さずに教えてあげる」ことは非常に有効です。
・文字，音声とイメージをつなげてあげる
　日常や授業の場面で文字や音声として出てきたものを，イラストや写
　真で事前，事後に伝えてあげると認識しやすくなります。
・ICT 機器の読み上げ機能などを積極的に活用する

全体指導のポイント

・音読の際は，丸読みではなく追い読みから始める
・国語などの文章中に出てくる言葉は，実際に写真や映像などを活用し
　て全体に見せてあげる
・ICT の活用などに「ズルい」と周りの子が感じないような空気づくり，
　適切な指導を行う

　LD を抱える子にとっては，教室という場所がストレス要因になっている
ことを把握しておきましょう。そして，LD の子も含めて，どんな子でも参
加しやすい授業をすることは，学級づくりにとても大切であるということを
念頭に置いてください。

Case 8 作文が嫌いな加気内くん

つまずきの状況

　加気内くんは，教科書や本を読むことはできますが，文字を書くことが苦手です。黒板の文字をノートに写そうとしても，非常に時間がかかってしまいます。また，「感想を書きましょう」「作文を書きましょう」と言われても，何も思い浮かばず動けなくなってしまいます。先生は「なんでもいいのよ？」と促したり，見本を見せたりしますが，最近は「書きたくない！」と拒否する様子も出てきました。

　一体どうすれば良いのでしょうか？

文字は読めるけど，書くことが苦手な書字の困難

1.「書くこと」の困難とは？

　前項で教科書を読むことが苦手なケースを紹介しましたが，一方で書くことが苦手な子も存在します。これは少し苦手で練習したら書けるようになった，という程度であれば良いのですが，周りと比較して明らかに書けない場面が多い子であれば，LDの書字障害を疑う必要があります。

　書字障害とは，簡単に言えば「読めるけど，書くことが著しく困難」という状態です。

　読み書き障害においても，「読めない」という症状に付随して「書けない」

という状況が生まれます。これによって，昔は読字障害という名前で呼ばれている時代から，「読み書き障害」という表記に変わってきました。しかし，書字障害は「読めるけど，書けない」という状態であり，少々内実が異なります。

　書字障害の原因は様々と言われますが，代表的なものは，「思いつかない（エンコーディングの困難）」と「書字の不器用さ」によるものが多いと言われます。

書字障害（ディスグラフィア）の原因

どう書いていいかわからない
エンコーディングの課題

字がうまく書けない
（発達性協調運動症）

　文字が読めないという症状では，原因として「音韻の困難（＝文字を見ても，頭の中で音声化されない）」を紹介しました。一方，書字障害では，その反対で「エンコーディングの困難（＝頭で考えた内容・音声を，文字情報に変換できない）」があると言われます。読むことの困難も書字の困難も，本質的には，脳内での文字情報の入力・出力の部分で困難があるということです。

2.「書く＝運動」　目と手の協応の力

　一般に「読む」活動より，「書く」という活動の方が，難易度が高い活動になります。読むというのは情報の入力に関する活動であり，主に目と脳内で行われる活動です。一方で，「書く」活動は，目で見て，頭で考えて，手を動かす，という主に３つの活動を同時に行うため，難易度が高くなります。

　特に，「手で鉛筆を動かす」という作業は，運動能力とも影響しているため，指先の運能能力や運筆能力に困難があると，すぐに文字を書けなくなります。

　私自身，書字の不器用さが大きく，子どもの頃から苦しまされてきました。何せ，頭で「こう書きたい！」と思っても，その通りに体が動いてくれないのです。マスに収まるように字をはらうと見事にマスを飛び出し，マスの真ん中に書こうと思いながら，手を動かすと左右どちらかに寄っている，文章を考えながら文字を書くと，頭の容量がいっぱいになり，数文字書いたらもはや何を書きたいのかを忘れてしまう。

　「丁寧に書きなさい」「練習でなんとかなるから」，幼少期より何度言われたかわかりませんが，結局これらの努力は無駄に終わりました。

　この書字に関する不器用さは，視覚情報処理の能力と目と手の協応能力に大きく左右されます。いわゆる，目と手の協応とは簡単に言えば，「目で見たものに対して，体を適切に動かせる能力」です。この目と手の協応の力が低いと，書こうと見えているところに鉛筆を動かしても，異なる場所に文字を書いてしまいます。どんなに意識をしても，体が自分の思う通りに動かせないのですから，書字が崩れてもしょうがないとも考えられます。

　ちなみに私は書字の失敗を繰り返すうちに，どうも私が文字を書く時は，見えている場所から左下に１mmほどズレた場所に書いてしまうことが多いことに気づきました（なので普段はこのズレを補正しながら，文字を書い

ていますが，相変わらず汚いままです）。

　なお，この「目と手の協応の力」は，子どもたちのボール運動の様子をみると，大雑把に把握することができます。例えば，体育でウォームアップとしてキャッチボールを行っている様子をみると，

　・飛んできたボールをうまくつかめない
　・手を出すタイミングがわからない
　・実際のボールからズレたところに手が出る

などの様子が見られます。つまり，目で見た情報に対して脳が適切に情報処理できていない，あるいは思ったように体を動かせていない，ということであり，書字にも苦手さを抱えるケースが多いのです。

　このように，子どもたちの日頃の様子を見ながら，この不器用さを見取ることも可能ですし，その背景要因から書字の能力を育てる，あるいは支援方法を考えることが可能です。

書くことの困難がある子への支援と対応

1．想起の力を高める活動を，段階的に授業に組み込む

　書字の困難は「エンコーディングの困難」から起こることが多いと紹介しました。これは，シンプルに言えば「思い出す」という活動が苦手である，ということです。この思い出す力を記憶の研究では「想起の力」と呼んだりします。
　そうであれば，まず想起の力（＝思い出す力）を高める活動を授業に組み

込むことで，書字の困難のある子も含めて参加しやすい授業展開にすることができます。

　1つ目の段階は，「視写活動」です。これは，書字能力の育成に有効です。視写とは，例文を見て，同じ文章を紙に書く練習を言います。「天声人語の書き写し」などで有名な活動です。

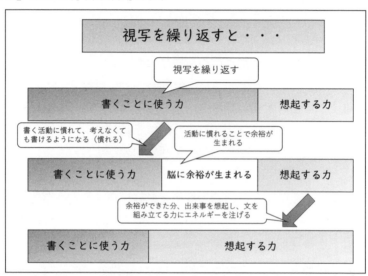

　書字障害で想起が苦手な子も，「見た文を写す」という視写では想起の力は使わないので，比較的容易に取り組めます。この視写を繰り返すと，まずは「文字を書く」という活動自体に慣れてきます。そして，書くこと自体に慣れると，脳の負担も減り余力が生まれるので，内容を想起する力にエネルギーを注げるようになります。

　また，視写の良いところは「書き言葉の型」を覚えられることです。子どもたちは，普段話し言葉での会話が普通です。それを「です，ます，だ，である」など，書き言葉に変換するのは定型発達の子でも大変ですから，加気内くんのような書字障害の子にとっては，やることが多すぎて脳の負担が限

界を超えてオーバーフローしてしまいます。当然「何を書けば良いのかわかりません…」という反応になります。

よって，視写を繰り返して，書くことそのものに慣れるだけでなく，書き言葉の事例にたくさん触れることで，「書き言葉への変換」にかかる脳の負担も減らしていきます。

私が小学校の担任をしていた時は，どのクラスにも書字の困難，作文に困り感のある子が存在したので，朝学習の時間や授業の隙間時間などを使い，視写を積極的に行いました。

また，想起の力も能力を細分化して練習をしていくことで，徐々に鍛えることできます。例えば，マインドマップという活動があります。「頭の中で文章を思い浮かべて書く」という活動はハードルが高い子のための**「単語だけ思い浮かべて書く」**という練習です。

右の画像は，書字に困難のある子と一緒にマインドマップをした時のものです。「文章で書く」というのは，名詞・形容詞などの単語と助詞を組み合わせて想起する必要があるので，

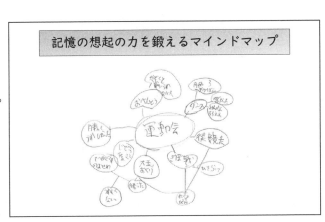

記憶の想起の力を鍛えるマインドマップ

難易度が高いです。しかし，単語のみであればハードルは低いため，先生が側につけばできる子は多いです。

そして，一度マインドマップで想起した後に，目の前の単語を組み合わせ

て文章を作成します。ここでは、「単語をつなげる助詞（格助詞・終助詞）などを思い出して文にする」という力のみを使うので、活動の難易度は下がります。そして、下記のようなステップで、書字の力を鍛えていきました。

・視写練習
・マインドマップ練習
・マインドマップ（5分）－ 文章化（20分）

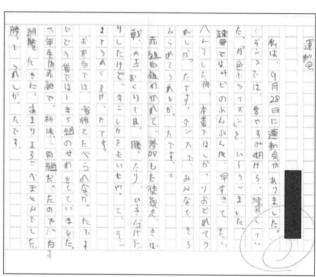

　その結果が、上記の作文の画像です。左が1回目の作文、右が1か月後（9回目）の作文となっています。

　やっていること一つひとつの難易度は高くなく、スモールステップで積み上げるだけですが、繰り返して、脳にかかる負荷を減らし、さらに余裕をつくって新しいスキルを積み上げるというステップを踏めば、多くの子が成長

することができます。

　押さえておくことは，画像で紹介した子は，書字は苦手でしたが，精神的な強さのある子だったということです。苦手なことでも取り組める集中の持続力がある子だったから成長できた面は大きいです。もし，書字が苦手で，さらに学習拒否の態度をもっている子であればここまでスムーズにはいかないため，さらに時間がかかるか，あるいは，できないこともあります。

　ただ，本人が「これならできる！」と思えるようなレベルまでステップを細かく設定することは，書字への意欲を引き出すためにもとても大切です。
　そして，子どものレベルと実態を踏まえて，授業を考えていく必要があります。
　例えば，加気内くんのような子がクラスにいる場合，

・朝学習の時間に視写活動
・帰りの会で，今日の出来事をマインドマップ
・金曜日の国語は，後半の時間でマインドマップ＋作文

などの活動展開を組み込んでおくことで，加気内くんを含めてクラス全体で作文力を高めていくことができます。私自身が担任をしている時は，毎日「マインドマップ＋作文」の活動をしていました。これはアウトプットの力を高めると同時に，子どもたち一人ひとりの体験・出来事を把握することができるからです。また，表立っては先生に相談できないことも，作文であれば内緒で先生に伝えることができるので，先生が気づけなかったトラブルも事前に予防することが可能になります。

　このように書字障害の子への支援を考えると，そのまま作文指導を考えることにつながりますし，学級経営上でもメリットが生まれます。

2．運筆能力を高める授業展開を段階的に組み込む

「書く」という作業は，体を使った活動になるため，身体へのアプローチを行うことで，書字能力の改善が可能です。

例えば，小学校では「シャーペンか鉛筆か？」が話題になります。そして，「筆圧を高めるため！」という理由で，小学校の間は鉛筆を使うことを推奨している学校は多いです。このように，筆圧は丁寧に形の整った字を書く上で大事になります。

そして，筆圧を高めるために，もっと効果的に使えるのがクレヨン（クレパス）での塗り絵です。

低学年の間は，週1回でもクレヨンで力一杯塗り絵を楽しむ時間をつくれば，おおよそ30回以上筆圧を鍛えることができますので，十分筆圧を育てた状態で，上の学年に送り出すことができます。

また，鉛筆操作のためには，指先と手のひらの発達を促す必要があります（これは次項の不器用さのケース事例でも紹介します）。

身体発達を促すことが学習障害支援では大切になります。体育は，運動能力を高めるだけでなく，学力向上にもつながりますので，「学級経営・学力・運動能力」はセットになっていると考えると良いでしょう。

ICT 機器を活用した合理的配慮

上記では加気内くんのために，色々な書字の力の支援を紹介しました。しかし，前述しましたが，書字障害特性が強い場合は，上達は難しいですし，本人の精神力の限界に来てしまうこともあります。よって，合理的配慮を入れることが必要になります。

　書字障害への最も代表的な支援は ICT 機器の活用です。文字を書きたいときは，パソコンのタイピング入力か，タブレットのフリック入力を許可することで，書くことの負担が大きく減ります。

書字障害　〜タイピング・フリック入力〜

ICT機器の活用で「書く」ハードルを下げる
→合理的配慮として申請すれば受験も使える

　GIGA スクール構想もあり，子ども一人ひとりがタブレット端末を持つ時代が目の前に来ていますので，書字障害の子にとって勉強しやすい環境アプローチが国全体で進められています。

　すでに合理的配慮で ICT 機器が学校現場で導入されている例はありますが，押さえるポイントとして，「いつから ICT 機器を使うのか？」というものがあります。

　先生・保護者の中には，「タイピングを覚えると字を書くことを全く練習しなくなるのでは？」「今はまだいいかな…」と考えて，中学２年生ぐらいまで鉛筆でがんばらせてしまう方もいます。

ここでネックになるのが「入試」です。

高校入試では合理的配慮で，現在でもタイピングで試験を受けることは可能です。しかし，入試でタイピング受験を認めてもらうには，「学校の定期テストなどで，使って受けていた」という実績が必要です。つまり，入試で使うところまでを想定すると，むしろ早期からタイピングを覚えて合理的配慮を受けていた，という実績を残しておくことが必要です。

よって，小学校の間から書くことが極端に苦手な子には，積極的にタイピング（フリック入力）活用を授業・テストで認めていきましょう。そして，実績を残しながら学習を進めた方が，将来の大事なイベントでも苦労せずに使えるようになります。

また，小学校の間は鉛筆とタイピングを両方使って学習を進めることで，鉛筆・タイピング両方の面から書字能力を鍛えることが理想です。

なお，タイピング入力を進める中で，「タイピング＝ローマ字入力」と考える先生もいらっしゃいます。しかし，書字能力に関しては，かな入力・ローマ字入力であっても関係がないため，まずは，かな入力で進めることが良いです。そしてローマ字入力を覚える余裕があれば，3年生のローマ字学習以降で教えてみると良いと思います。

資格検定試験を受ける上で「ローマ字入力のみ」という制限を設けていることもありますが，多くの場合はかな入力を許可しています。また，仕事をする上では「かな入力」で問題ありません。

まずは，「タイピングで文章を作成する」という活動が重要になりますので，入力方法には過度にこだわらなくて良いでしょう。

–Case 8　まとめ–

個別支援のポイント

・運動の様子などから困りごとを見取る
　書くことに困難がある子は，「目と手の協応の力」が弱くキャッチボールなどでボールをうまく掴めなかったり，手を出すタイミングがわかっていなかったり，といった様子が見られますので，適切に見取って，無理に書くことを押し付けずに支援してあげましょう。
・ICT 機器のタイピング機能などを積極的に活用する

全体指導のポイント

・想起の力を高める活動を段階的に組み込む
　朝学習や帰りの会，作文などの時間に「視写活動」「マインドマップ」などの「思い出す」力を高める活動を取り入れます。
・運筆能力を高める授業展開を段階的に組み込む
　低学年の場合は，クレヨンで力一杯塗り絵を楽しむ時間を取り入れるなど，筆圧を鍛える活動を組み込みます。

　書字障害特性が強い場合は，上達はなかなか難しく，本人に精神力の限界が来てしまうこともあります。無理に書かせず，タイピングで代用するなど適切な合理的配慮が必要になります。

Case 9 字が丁寧に書けない 荒書きくん，小字さん

書くことに不器用さがある子がいるクラス

つまずきの状況

　クラスには，字が汚い子が複数人います。荒書きくんは，止め・はね・はらいが雑で，マスから飛び出してしまうことも多いです。小字さんは，字が小さく，筆圧も弱いのでとても薄い字になっています。他にも書字が丁寧に書けず，保護者からも「字を丁寧に書くよう指導してください！」と要望が来ています。

　一体どのように指導をすれば良いのでしょうか？

書字を綺麗にするための全体指導

0. 手の発達を促す3つのポイント

　最近はパソコンの普及で「字を綺麗に書く」ということにこだわりのある人は減ってきたように思います。「大人になってもどうせタイピングで文章を書くならそこまでこだわらなくて良いんじゃない？」という考えです。

　一方で，まだまだ「字は心を写す鏡」などの考えを持ち，綺麗な字を書いて欲しい！という大人も多いです。

　どちらの意見が正しいのかはさておき，綺麗に字が書ければ，それに越したことはないので，学級全体で字を綺麗に書く指導をするのは悪いことではありません。実際に，書字が安定した方がノートも綺麗にとれますし，受験

や資格試験などでも有利に運ぶことは多いです。それに子ども自身も字が綺麗に書けた方が，気持ち良いでしょう。

　字を綺麗に書くためには，「綺麗に書きなさい！」「しっかりはらいなさい！」などの書き方に関する指導が頭に浮かびがちになります。しかし，字が汚い子はそれ以前の体の発達に課題があるためにうまく書けていないケースが多いです。そこで，クラス全体でまず書字に関わる身体機能を育てる取り組みが効果的です。

　ポイントは**「姿勢を正す運動」「指先の運動」「手のひらの運動」**の3つです。

1．姿勢を正す運動

　書字は指先で行われる活動ですので，どうしても指先に目がいってしまいますが，最も重要なのは姿勢が安定していることです。一般的な書字に関わるアドバイスは，ノートに対して正対している状況を想定して書かれています。姿勢が悪く，机で寝そべったり，頬杖をついて書いたりしている姿勢では，ノートに対して体が斜めになるので，そもそも意味がないものになります。

　そこでまずはノートに対して正対するための身体・姿勢づくりの運動から必要になります。

ノートに対して軸がブレていると、文字も歪んでしまう

「正しい姿勢」の大切さは，多くの人が知っていますが，そもそも正しい姿勢ができる体づくりには何が必要なのか？ということは，あまり知られていません。

　一般的には「グーピタピン」のような図を使って説明されますが，この姿勢の確保には様々な要素が必要です。

　まず，姿勢を保持する体幹の力が必要です。しかし，この体幹の力は腹筋や筋トレのような，一般的な体幹トレーニングでは鍛えられません。
　「姿勢を保つ」には，「平衡感覚」を鍛える必要があるのです。そもそも人間は，二足歩行をするために，バランスをとる感覚が非常に発達している生き物です。普段あまり意識はされませんが，人間がバランスをとるために使っているのが平衡感覚です。そして，平衡感覚は，揺れを感じた時，例えば椅子に座って姿勢が崩れそうになると，脳を通じて体幹周辺の筋肉に命令を送って無意識に姿勢を整えます。
　つまり，正しい姿勢を取るためには，筋トレで体の筋肉を鍛えるのではなく，バランス感覚を通じて，脳を鍛える必要があるのです。
　例えば，以下のような活動が効果的です。

　・平均台を使った体づくり
　・鉄棒の前周り後ろ回り（前後回転）やプロペラ（左右回転）
　・しっぽとりゲームなど急停止，急加速の多い遊び

　このような，揺れを伴った運動で平衡感覚を鍛えることで姿勢を取る力が身についてきます。

2．三指の運動

　鉛筆を持つには，親指，人差し指，中指の三指で持つ必要があります。最近はあまり持ち方の指導は厳しく行われることが少なくなってきましたし，私自身多少癖があっても本人が困らず書けるのであれば，それで良いと思います。

　一方で，三指の発達が遅れて，正しく持てない，書くことの負担が大きく勉強が嫌になっている，このようなケースも一定数存在します。よって，子どもの実態によって指導を入れることが必要です。

　例えば，三角鉛筆などの補助道具は文房具コーナーにはたくさん売っているので，保護者と相談して取り入れていくこともできます。

3．土台の指（小指と薬指）の運動

　書くことが苦手な子の中には，三指だけでなく，鉛筆を握り込んで持ってしまう子がいます。

　これは小指と薬指を中心とする手のひらの発達が遅れているため，その上の三指を動かす支えがつくれず，握り込んでしまうからです。

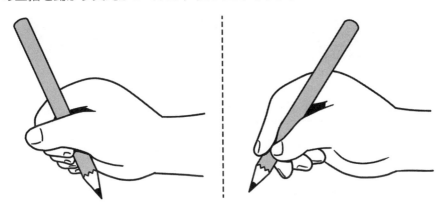

　この場合は，小指と薬指を中心に，手のひらを鍛える必要が出てきます。

例えば，鉄棒のぶら下がりは，小指と薬指の外側の指に自然に力を入れて行う動作ですので，とても効果的です。あるいは，雲梯や上り棒にのぼったり降りたりするのもとても有効です。他にも体育で綱引きをしてみるなど，何かを掴んで力を入れる，という活動はとても効果的です。

例えば，私は体育を校庭で行う時は，外に出た子から，

「校庭１周→ジャングルジムに登る→上り棒で降りる→雲梯を渡る→鉄棒でぶら下がり30秒→鉄棒の前に集合→体育係による準備運動→しっぽとりゲームや鬼遊び」

という体づくりのルーティンを最初の活動に入れていました。

（そして，子どもがルーティンをしている間に，私はラインカーなど授業の準備をしています笑）

学年によってアレンジは入れますが，姿勢・三指・土台の指を鍛えることができる運動を体育の中で１年間行うことで，多くの子が，綺麗な字を書く手の柔軟性と，長い時間，文字を書いても疲れない手の力を手に入れることができます。

書字を綺麗にするための個別支援

1．持ち方をサポートする道具を使う

個別の支援としては，以下のような方法があります。

・鉛筆に輪ゴムを巻いて持つ位置を正しく把握する（画像１）
・クリップをつけて三つ指の位置を覚える（画像２）
・親指と人差し指でおはじきを摘む（画像３）

（画像１）

（画像２）

（画像３）

　学年の初めの授業で，子どもたちに鉛筆の持ち方指導に加えて，初日の国語の授業で漢字ドリルやスキルに10分取り組ませると静かに集中してくれますので，机間巡視をしながら，子どもたちの持ち方を１人ずつ見てチェックをしていきます。

　教師はつい子どもが課題をしているとスキルやノートの字に目がいってしまいますが，最初に注目するべきは手の方です。

　そうして，クラスに持ち方だけでなく，三指の力が弱くて書けない子がいるのであれば，休み時間に，指リング相撲（人差し指と親指で輪を作り交差して引っ張り，どちらが勝てるか）や，プチプチ潰し（梱包材のプチプチを指先でたくさん潰す）などの遊びを一緒に行うことで，個別に鍛えていきます。もし複数人いる場合は，クラス全体で取り組んでも良いでしょう。

2．書字の意識を変える言葉かけをする

　他には，ADHD のように衝動性が高い子などは，そもそも文字は「読めれば良いじゃん！」と考えて，丁寧に書くことへの意識が弱い子がいます。

確かに読めれば良いですし，そもそも大人になれば，PC タイピングで文字を書くことが一般的ですので，こだわる必要がないとも言えます。

　ただし中には，自分で書いた字が自分で読めないなど，雑というレベルを超えている子もいますので，そのような子には綺麗な字を書く意識を教えることは，将来のためにも大切です。

　最も指導をしやすいのは，習字の時間です。国語や算数などとは異なり綺麗な字を書くことを目的としていますので，どんな子も綺麗に書くことに意識が向いています。

　そこで，「とめ・はね・はらい」や字のバランスなど，綺麗に文字を書く楽しさやメリットを伝えます。そして，他の授業でノートを見た時に，「この前の習字で習ったはらいができてますね」など，綺麗な字のポイントを思い出す場面をつくってあげることで，徐々に字が丁寧になっていきます。

　いずれにせよ，字は本人の空間認識能力や不器用さとも大きく関係してくるので，「丁寧ではないからダメ！」という態度で指導することは，苦手な子にとって大きな負担になります。あくまで，子ども一人ひとりの能力の範囲内で，「困ることがない」というレベルを目標にして指導をすると良いでしょう。

-Case 9　まとめ-

個別支援のポイント

・持ち方をサポートする道具を使う
　指の発達が遅れて，書くことの負担が大きく勉強が嫌になっているケースもあるので，輪ゴム・クリップ・おはじきなどの補助具を取り入れます。
・書字の意識を変える言葉かけをする
　ノートをチェックするときなどに，綺麗な字のポイントを思い出す言葉をかけることで，字を書くことへの意識を高めます。

全体指導のポイント

・バランス感覚を鍛える運動を取り入れる
　平均台や鉄棒，しっぽとりなどの運動を，体育や学級あそびなどで積極的に取り組んで，正しい姿勢を保つための力を伸ばします。
・三指や土台の指（小指と薬指）を鍛える運動を取り入れる
　ジャングルジムや雲梯，上り棒など，何かを掴んで力を入れる遊びをクラスで取り入れることで，ペンを持つための指や手の力を鍛えます。

　手指の力，バランス感覚など，字を丁寧に書けない子は様々な要素の支援が必要ですので，「綺麗に書きなさい！」という指導だけではなく，上記のようなポイントを押さえておきましょう。

Case 10 何かを触りたくなる澤多くん

いじり癖のある子がいるクラス

つまずきの状況

　澤多くんは，授業中に何か消しゴムや鉛筆など常にいじっている様子があります。先生が「今は先生が話しているから集中してね」と声をかけると，一瞬止めますが，すぐに何かをいじってしまいます。周りの子に「やめなよ」と注意されると不貞腐れる様子も出始めてきています。

　どうすれば良いのでしょうか？

いじり癖を出さないための全体指導

1．いじらなくて良い環境をつくる

　前提として，「いじり癖」は，本人の脳や身体の特性から起こる行動であり反抗的な態度としてやっているわけではない。そして，言葉で説得しても効果は薄い，ということを押さえておく必要があります。

　しかし，授業においては30人以上を同時に見るので，個別の支援を前提に考えると非常に大変です。また「いじっても良いんじゃない？」という方もおられると思いますが，「いじっても授業に集中できる子」もいれば「いじると授業に集中できなくなる子」もいますので，全体指導としては「いじると授業に集中できない」と考えて，授業を構成した方が良いと言えます。こ

のように考えた上で「子どもが集中できて，物をいじる必要がない授業」を
考えます。

そもそも物に触れている状態をつくる

　例えば，「教科書を読む時は必ず両手で持つ」というルールをつくる方法
は効果的です。「ものをいじる」という行為は，「退屈を紛らわす」「触って
いると安心感を得る」「ものに興味を惹かれてしまう」などの脳の特性由来
の行動であることが多いです。

　よって，教科書を読むときは両手で持つことで，そもそも物を触った状態
になるので，安心・集中して活動できます。また，授業のテンポが遅いとそ
れだけ子どもは退屈を感じて，物に惹かれていきますので，テンポよく授業
を進めて，密度を上げることで，子どもが集中できる環境をつくってあげる
ことが大切です。

　「教科書を持ちます。35ページを読みましょう」
　「今日の漢字３つを空書きします。始め」
　「ノートを開いてください」
　「鉛筆をもってください」
　「登場人物をノートに書きなさい」
　「書けた人は立ちましょう」

　といったように，指示を短く，テンポよく授業を進めることで，常に何か
を触っている，あるいは，体を動かしている状態にすれば，目立つことも問
題もなく，いじり癖のある子が授業に参加することができます。

２．先生がいじっている様子を取り上げない

　よくあることですが，子ども同士で注意しあって，トラブルになることがあります。いじり癖がある子に「ちゃんと聞いておかなきゃだめだよ！」と真面目な子が注意をしてトラブルに発展することは多いです。

　そしてそもそも，なぜ子どもが周りの子に注意をするのかと言えば，先生が「だめだよ！」と注目をしてしまうからです。先生の気持ちを察知する力の高い子は，それまでの先生の姿を見て，特に注意をしてしまいます。

　よって，まずは先生が「いじり癖」のある子への注目をやめることが大切です。先生が気にしなければ，子どもは気にしませんので，そもそもトラブルもおきません。先生にとって大切なのは「そうでなければならない」という思い込みを捨てることです。

いじり癖がある子への個別支援

１．触っても目立たない代替物を渡す

　全体への指導を行った上で，それでもうまくいかないのであれば，個別支援が必要です。そして何度も述べている通り，個別支援は他の子に目立たないように行うことが原則です。

　例えば，何かを触っていると安心する子なのであれば，休み時間に「何を触っていると安心する？」と聞きます。例えば，「鉛筆の先のチクチクした刺激が好き！」というのであれば，芝生マットを椅子の裏側に貼ってあげます。

　このように，目立たないところに代わりに触れる物を置いてあげます。

他にも，

・首から紐でお守りを下げて，体の前で触りながら授業を受ける

・自分の指を組んで自己刺激を与えて，興味を発散させる

・先生が話している箇所の教科書を，常に指で触らせる

など，いじり癖を他の問題のない行動（代替行動）で置き換えることが有効です。

2．事前練習を行う

このような代替行動を教えるときは，休み時間に先生とその子の一対一で練習することが大切です。言葉だけで「こうやってね」と言っても，多くの子はなかなか入りません。

よって，休み時間に，「何かをいじりたくなったら，これを触ってみて」と言って触らせる。そして，子どもの反応をみながら，「じゃあ，気をつけ

してね。今，授業を受けています。つい鉛筆の先を触りたくなりました。は
いどうする？」と言って，椅子の裏の芝生を触る練習をします。

　練習であれば，できなくても「もう1回やってみようか！」と穏やかに対
応できますし，できれば「よくできたね！」と褒めることができます。

　特に，いじり癖のある子は不安傾向の高い子が多いため，事前に練習して
見通しをもたせておくことは，後々のトラブルも減らすためにも大切になり
ます。

-Case10　まとめ-

個別支援のポイント

・触っても目立たない代替物を渡す，代替行動を教える
　芝生マットを椅子の裏側に貼る，首から紐でお守りを下げる，自分の
　指を組んで自己刺激を与える，先生が話している箇所の教科書を常に
　指で触らせるなど，代わりの刺激を与えてあげることが有効です。
・休み時間に代替行動の練習をする
　言葉だけで伝えても，なかなか子どもの頭には入らないため，休み時
　間に実際に触らせたり，子どもを動かしたりして練習します。

全体指導のポイント

・いじらなくて良い環境をつくる
　そもそも教科書などの物を持たせる，授業のテンポを速めて密度を上
　げるなど，子どもが集中できる環境をつくってあげることが大切です。
・先生がいじっている様子を取り上げない
　先生のマネをして他の子も注意をし始めてしまい，その子にとっての
　安心が損なわれてしまうため，まず先生が注目をやめましょう。

　いじり癖のある子は，不安傾向が高いこともあります。無理に注目せず，
子どもが安心をもてるように，一緒に練習したり，優しく褒めたりすること
を心掛けたいですね。

参考文献・資料一覧

- S.E. ギャザコール，T.P アロウェイ（2009）『ワーキングメモリと学習指導』北大路書房
- Childhood psychiatric disorders as anomalies in neurodevelopmental trajectories.
- 文部科学省（2012）「通常の学級に在籍する発達障害の可能性のある特別な教育的支援を必要とする児童生徒に関する調査結果」（※参考１）
  http://www.mext.go.jp/a_menu/shotou/tokubetu/material/1328729.html（参照2018-11-11）
- NHK 発達障害プロジェクト
  https://www1.nhk.or.jp/asaichi/hattatsu/index.html
- ステファン・W・ポージェス（2018）『ポリヴェーガル理論入門』春秋社
- 大城昌平・儀間裕貴（2018）『子どもの感覚運動機能の発達と支援』メジカルビュー社
- ニキリンコ，藤家寛子（2004）『自閉っ子，こういう風にできてます！』（花風社）
- 山根希代子（監）藤井葉子（編）（2019）『発達障害児の偏食改善マニュアル』中央法規出版
- 日本児童青年精神医学会「児童精神医学とその近接領域」48（５），583-598，2007-11-01
- 文科省（2019）『平成 30 年度 児童生徒の問題行動・不登校等生徒指導上の諸課題に関する調査結果について』
- 授業に活かせる動画集「たまどうぶつこうえんのじゅういのいちにち」（※参考３）
  https://www.youtube.com/watch?v=BgQJ41GnF8g
- デイジー教科書（※参考４）
  https://www.dinf.ne.jp/doc/daisy/book/daisytext_application.html

おわりに

　本書を書いている間に，たくさんのことがありました。コロナウイルスが流行し，緊急事態宣言が出て，経済がストップし，学校・社会が大変な状況になりました。私自身も，旅行はもちろん知人に会うことすら簡単にはできず，予定していた発達障害支援サービスも休止することになり，「どうしよう…」と途方に暮れていました。

　そんな中でも，政府や各自治体は様々な対策を打ち，経済を回復させていきました。リアルで会えない代わりにオンラインのシステム整備が進みました。全国でオンライン授業を行う学校が増えて，学校教育の在り方を一気に転換させました。私も，オンラインで特別支援教育・発達障害者支援の研修会を企画したところ，5〜12月末までに全国から2万人以上の現場の先生方に参加いただき，知見を紹介・交流することができました。

　そうして，この文章を書いている現在，コロナウイルスのワクチン実用化のニュースが流れ始めました。今も世界中がパニックですが，どうやらこの危機を脱出できる道が，僅かながら見え始めています。

　「ユニバーサルデザインの学級づくり」は大変です。「他人同士がわかり合うなんて不可能だ」という現実に嫌でも直面させられます。しかし，人類が様々な危機を乗り越えてきたように，一歩ずつお互いを「知る」ことで理想に近づけるはずです。

　最後になりますが，明治図書，新井皓士様には出版にあたって多くのご助言をいただきました。この場を借りて御礼申し上げます。

2021年1月

前田智行

【著者紹介】
前田　智行（まえだ　ともゆき）
日本 LD 学会・授業 UD 学会所属
放課後等デイサービス・公立小学校勤務
一般社団法人こども発達支援研究会理事。放デイ，児発，小学校等にて500名以上の支援に関わり，放デイ・少年院など福祉施設にて発達障害に関する研修講師も担当。当人も ADHD，ASD の当事者であり，専門知識と当事者経験に基づく実用性の高い研修を実践中。
Twitter：@tomo_haruuu

全体指導×個別支援で実現する！
ユニバーサルデザインの学級づくり

2021年4月初版第1刷刊 ©著　者	前	田	智	行

2022年1月初版第3刷刊

発行者　藤　原　光　政
発行所　明治図書出版株式会社
http://www.meijitosho.co.jp
（企画・校正）新井皓士
〒114-0023　東京都北区滝野川7-46-1
振替00160-5-151318　電話03(5907)6701
ご注文窓口　電話03(5907)6668

＊検印省略　　　　組版所　日本ハイコム株式会社

Printed in Japan　　　　　ISBN978-4-18-304614-7
もれなくクーポンがもらえる！読者アンケートはこちらから